SO GRILLT DIE WELT

100 internationale Grillideen

Ralph de Kok

SO GRILLT DIE WELT

100 internationale Grillideen

CHRISTIAN

INHALT

VORWORT

Seit der Mensch Feuer machen kann, wird Feuer weltweit benutzt – zum Heizen, aber auch, um Nahrungsmittel zu garen. Über die Jahrtausende hinweg hat die Menschheit zahlreiche innovative Wege gefunden, Essen zu zubereiten: Heute haben wir Kochstellen mit Gas, Ceranfelder oder Induktionsherde, Backöfen mit Ober- und Unterhitze oder Umluft, Mikrowellengeräte, Dampfgarer und seit Neuestem sogar Airfryer. All das ist nicht mehr wegzudenken aus der moderne Küche. Etwas aber blieb uns über alle Zeit erhalten, die uralte Art, Nahrungsmittel zuzubereiten – über der Flamme.

In manchen Ländern bietet sie sogar heute noch die einzige Methode, Essen zu garen. Und auch bei uns wird sie wieder mehr genutzt – nämlich beim Grillen. Die Vielfalt von Gerichten, die weltweit auf einem Grill zubereitet werden, ist fast grenzenlos. Jeder Kontinent, jedes Land und sogar jede Region hat ihre eigene Spezialitäten.

Für das vorliegende Buch hat Ralph de Kok die besten und aromenreichsten (Grill)Gerichte aus aller Welt gesammelt. Mit diesen Rezepten können Sie in Ihrem Garten oder auf Ihrem Balkon die tollsten exotischen Geschmackserlebnisse erleben. Überraschen Sie Ihre Familie, Ihre Freunde oder Ihre Nachbarn mal mit etwas ganz neuem. Viel Spaß!

Viel Grillvergnügen wünschen

Michel Voragen & **Fred Schalkwijk**
Napoleon Grills

EINLEITUNG

Die Geschichte des Grillens ist im Grunde die Geschichte der Menschwerdung. Das ist eine starke Aussage, die Grillfans sicher freuen wird. Und auch wenn diese Behauptung sehr plakativ klingen mag, so kann sich doch niemand dem wahren Kern entziehen, der in ihr steckt: Als der Mensch Feuer und Fleisch zusammenbrachte, begann er längere Zeit in Gruppen zusammenzusitzen. Gespräche kamen am Feuer in Gang und soziale Begegnung fand statt. Gemeinschaft entstand.

Grillen war die erste Form der Nahrungszubereitung überhaupt. Bis vor rund 1,5 Millionen Jahren sammelten und aßen unsere Vorfahren Beeren und Pflanzen einfach dort, wo sie sie fanden. Das Fleisch erlegter Tiere wurde zerrissen und roh verzehrt. Eines Tages aber entdeckte jemand, dass der Kontakt mit Feuer das Fleisch veränderte. Es konnte leichter zerteilt und gekaut werden. Mit der Macht über das Feuer gewann der Mensch auch die Fähigkeit, seine Nahrung kontrolliert zuzubereiten. Fleisch wurde zunächst neben oder ins Feuer gelegt. Dann fand man heraus, dass sich Fleisch auf Stöcke aufspießen und so gezielt ins Feuer halten ließ.

Aber es dauerte sicher nicht lange, bis die ersten hellen Köpfe merkten, dass der Abstand zwischen Feuer und Fleisch einen erheblichen Einfluss auf den Garvorgang und auch auf den Geschmack hat – eine Weisheit, die auch heute noch Grundlage jedes Grill-ABCs ist. Der Übergang zwischen gegrillt und verbrannt ist wohl heute wie damals fließend…

Das Marinieren oder Würzen des Fleisches zu entdecken war dann der nächste Grill-Entwicklungsschritt: Das Fleisch konnte so nicht nur konserviert werden, es wurde auch zarter und wohlschmeckender. Der Genuss am Essen war geboren.

Mit den Anfängen des Grillens war es wie mit vielen anderen ganz wesentlichen Entdeckungen der Menschheitsgeschichte: An verschiedenen Orten auf der Welt machten Menschen gleiche Erfahrungen und begannen unabhängig voneinander das Feuer zu nutzen – und es auch selbst zu beherrschen! Mittels Feuerstein und Zundermaterial konnten sie das Feuer bald selbst entfachen und ihr Fleisch grillen, wo sie auch unterwegs waren. Der kleine Beutel, den man am Gürtel des berühmten Ötzi aus dem Südtiroler Eis fand und in dem man Zunderschwämmchen nachweisen konnte, zeugt davon.

Ob in China, in der mongolischen Steppe, im Süden Afrikas oder auf den Fidschi-Inseln – verschiedene Grilltraditionen entwickelten sich unabhängig voneinander. Zum Glück für uns, kann man sagen, denn so können wir uns heute an einer Vielzahl von Grillvariationen und Zubereitungsarten erfreuen. Hätte man all diese Rezepte mit Plan und Vorsatz entwickelt, sie wären vermutlich nie derart bunt und unterschiedlich ausgefallen.

Da werden kleine oder auch ganz große Tiere im Ganzen aufgespießt und über oder neben den Flammen gegart. Da wird zerlegtes Fleisch in Blätter eingeschlagen und in Erdhöhlen unter dem brennenden Feuer platziert. Da wird Grillgut zusammen mit heißen Kohlen vergraben. Da wird Fisch auf Holzplanken gegart oder auf einem Rost über dem Feuer gegrillt. Da werden Marinaden, Saucen und Gewürzmischungen kreiert. Später kam zum Grillen von Fleisch und Fisch auch das Garen von Obst und Gemüse auf dem Feuer dazu. Unser menschlicher Einfallsreichtum und unsere Fantasie zeigen sich wohl nirgends so deutlich wie bei der Kunst, uns dem bestmöglichen Gaumenschmaus hinzugeben.

Kommen Sie doch mit auf eine kleine Reise rund um die Welt. Lassen Sie sich von der Geschichte des Grillens und den in verschiedenen Ländern entstandenen Grilltraditionen und Spezialitäten inspirieren, bevor Sie selbst aktiv werden: In den Rezepten, die sich daran anschließen, finden Sie viele leckere Anregungen und Anleitungen zum Grillen von internationalen Gerichten.

SÜDAMERIKA UND KARIBIK: ASADO, CHURRASCO UND CO.

Wenn es um südamerikanische Küche geht, steht das Grillen immer ganz oben auf der Speisekarte. So mancher sieht in diesem Kontinent heute die eigentliche Heimat des Grillens. Das dürfte wohl nicht zuletzt am sehr ursprünglichen Umgang mit dem Grillen liegen, der hier noch heute gepflegt wird: Offenes Feuer, Holzkohle und Rauch gehören hier zum Grillvergnügen dazu.

Natürlich gibt es auch in den südamerikanischen Ländern wie Argentinien, Brasilien oder Uruguay regionale Unterschiede und Ausprägungen. Auch hier weiß man um den Genuss von gegrilltem Gemüse. Aber es lässt sich beobachten, dass Fleisch, egal ob als großes Stück oder zerteilt auf Spießen, hier wie da noch immer die Leidenschaft der Grillmeister ist. Südamerika wird nicht von ungefähr von vielen gleichgesetzt mit großen Rinderherden und riesigen Grillpartys.

»Asado« ist das Zauberwort, das nicht nur den Argentiniern das Wasser im Mund zusammenlaufen lässt. Die festlichen Mahlzeiten in großen Familien- und Freundeskreisen sind für viele ganz selbstverständlicher Teil des Wochenendes. Wer jemals an einem Asado teilgenommen hat, den wundert es nicht, dass die argentinische Provinz La Pampa mit dem größten Grillfest der Welt sogar Einzug ins Guiness-Buch der Rekorde gehalten hat. Am 20. März 2011 wurden 13.713 Kilo Rindfleisch verarbeitet. Im zubereiteten Zustand bedeutete das immer noch 9.132 Kilo, die anschließend von den geladenen 20.000 Gästen verzehrt wurden. Was für eine Party!

Große Fleischstücke, vornehmlich Rindfleisch, aber auch anderes Fleisch wie Lamm, Ziege oder Huhn, werden in Südamerika langsam über der Glut der Asado-Grills gegart und verbreiten ihren verführerischen Duft. Marinaden und Grillsaucen haben in dieser Region einen viel geringeren Stellenwert als bei den nordamerikanischen Nachbarn. Meist ist Salz das zentrale und einzige Würzmittel, begleitet allenfalls von etwas Chili.

Wer von den argentinischen Grills hinüber schaut nach Brasilien, wird oft ein Churrasco entdecken. Beim Aussprechen des Wortes kann man förmlich das Fett zischen hören, das aus dem grillenden Fleisch austritt und in die Glut tropft. Fleisch- oder Wurstspieße sind die brasilianische Spezialität und hier kommen neben Rindfleisch auch viel Huhn, Lamm oder Schwein zum Einsatz.

Je weiter nördlich die Grills stehen, desto mehr Marinaden und Kräuter kommen zum Einsatz und desto häufiger bekommt das Fleisch Gesellschaft auf dem Grill. Ob Tomaten, Ananas, Mangos, Tortilla-Fladen oder Hummer: Die mittelamerikanische Grillwelt nutzt, was um sie herum wächst und schwelgt häufig in süß-fruchtigen Aromen.

Und in der Karibik ist auch die Geburtsstätte dessen zu finden, was in der englischsprachigen Welt unter Grillen verstanden wird: das Barbecue. Die US-Amerikaner mögen es perfektioniert und zum Kult gemacht haben, doch den Name ihres Grillvergnügens verdanken sie wahrscheinlich einem haitianischen Indianerstamm, der sein Fleisch auf einem hölzernen Gestell über dem Feuer grillte und dieses Gestell »barbacoa« nannte. Die spanischen Seefahrer brachten diese Technik nach Nordamerika, wo sie sofort in die sowieso von vielen Kulturen inspirierte Küche integriert wurde. Das Wort assimilierten die Neu-Amerikaner gleich mit und machten daraus Barbecue oder auch ganz einfach BBQ. Es gibt noch diverse andere sprachwissenschaftliche Theorien, wie die Amerikaner zu ihrem Begriff Barbecue kamen, wie beispielsweise die Ableitung vom französischen »Barbe-à-Queue«, also vom Kopf bis zum Schwanz, so wie die französischen Trapper ihre Bisons grillten, aber die haitianische Theorie ist die am weitesten verbreitete.

NORDAMERIKA: BEIM BARBECUE MIT SPARE RIBS UND PULLED PORK

Auch wenn das Grillen nicht in den USA erfunden wurde, so wird der dafür weltweit gebräuchliche Ausdruck Barbecue meist sofort mit dem Land der unbegrenzten Möglichkeiten in Verbindung gebracht. Und ganz zu Unrecht geschieht das nicht: Wäre diese Art des Grillens, die den Siedlern in den Südstaaten durch die spanischen Seefahrer bekannt gemacht wurde, nicht von ihnen angenommen und verbreitet worden, das Barbecue hätte nie seinen Siegeszug um die Welt angetreten. Und das Wort »Barbacoa« wäre wohl nie über seine Geburtsstätte in der Karibik hinaus bekannt geworden.

Für die amerikanischen Siedler wurde das Barbecue schnell zu einer selbstverständlichen und liebgewonnenen Tradition. In der Hauptsache wurden über dem Grillfeuer miteinander ganze Schweine gegrillt und die Gemeinschaften und Siedlungen kamen sich durch dieses gemeinsame Erlebnis näher. Schon bald gab es kein Fest, keine Veranstaltung, keine politische Kundgebung mehr ohne ein integriertes Grillen. Das BBQ wurde zu einer amerikanischen Institution und das ist es auch heute noch.

Im Zeitalter des internationalen Handels und des Verbraucherschutzes wundert es natürlich nicht, dass der Begriff Barbecue Fleisch in den Regularien der USA (9 CFR 319.80) definiert ist: »Barbecue-Fleisch, das als Rindfleisch-Barbecue oder Schweinefleisch-Barbecue ausgewiesen wird, wird durch direkte Einwirkung trockener Hitze gegart, die das Ergebnis des Verbrennens von Hartholz oder heißer Kohle ist und dadurch über ausreichende Zeit hinweg die übliche Charakteristik eines gegrillten Produktes annehmen kann, was die Bildung einer braunen Kruste an der Oberfläche und das Ausschmelzen des oberflächlichen Fettes beinhaltet. Das Produkt darf während des Garvorganges mit Soße begossen werden. Das Gewicht des gegrillten Fleisches darf nicht weniger als 70 Prozent des rohen Fleisches betragen«. [1]

Diese Definition macht klar: Ein amerikanisches Barbecue darf nur direkt mit Holz oder Kohle betrieben werden – zumindest wenn das Fleisch anschließend offiziell als Barbecue-Fleisch bezeichnet werden soll. Nun ignorieren die privat grillenden Amerikaner diese Vorgaben indes ganz getrost und haben heutzutage für ihr Barbecue auch zunehmend einen Gasgrill auf der Terrasse stehen. Die großen offiziellen Barbecues bei Stadt- oder Schulfesten, politischen Veranstaltungen oder anderen Events werden aber noch immer ganz klassisch mit Feuer und Rauch durchgeführt.

Apropos Rauch: Eine beliebte amerikanische Grillmethode ist das langsame indirekte Garen des Grillgutes im heißen Rauch. Die dafür benutzten geschlossenen Grills nennen sich dementsprechend ganz einfach »Smoker«. Diese Technik ist durchaus nicht neu, sondern entwickelte sich aus einem Grillverfahren, das im 18. und 19. Jahrhundert in den USA unter Sklaven und in armen ländlichen Gebieten

verbreitet war. Dabei wurde das Fleisch über viele Stunden hinweg in einer Erdhöhle gegart, in die auch heiße Glut mit eingeschlossen wurde. Getreu den erwähnten Regularien zum offiziell korrekten Barbecue ist das Grillen in einem Smoker allerdings kein Barbecue, denn hier wird ja nicht mit direkter Hitze gegart. Ein Faktum, das immer wieder einmal für Diskussionen sorgt, das die Smoker-begeisterten Grillmeister aber getrost ignorieren.

Große Bratenstücke und Spanferkel sieht man beim Barbecue noch immer, während ganze Schweine am Spieß doch auch im Land der Superlative eher die Ausnahme geworden sind. Wenn man heutzutage an ein amerikanisches Barbecue denkt, dann sind es andere typische Grillgerichte, die unbedingt dazugehören. Spare Ribs stehen beispielsweise ganz oben auf der Beliebtheitsskala, jene marinierten Schweinerippchen, die teilweise kilo- oder meterweise auf der Speisekarte stehen. Sie waren auch namensgebend für die riesigen »Rib-Fests« (eigentlich Rib Festivals) die während des Sommers im Norden der USA und in Kanada an vielen Orten gefeiert werden. Musik und kleine Wettkämpfe ergänzen, was im Mittelpunkt steht: Grillen, grillen und grillen. Das größte Fest dieser Art findet alljährlich in Toronto statt und da bringen die »Ribber« dann schon einmal 150.000 Kilo Rippchen unter die hungrigen Besucher.

Typisch amerikanische Spare Ribs können auf eine würzige Marinade nicht verzichten und da kommen meist Barbecuesauce oder Ketchup ins Spiel, mit denen so mancher Amerikaner fast jedes seiner Fleischgerichte würzt. Honig sorgt in Grillmarinaden für eine süße, Chilipulver für eine pikante Note. Und wenn der Ketchup nun schon einmal erwähnt wurde, dann sei unbedingt auch noch auf den Hamburger hingewiesen, jenes berühmte Ensemble aus flacher Rindfleischfrikadelle und weichem Brötchen aus Weizenmehl, das auf die rote Soße auf keinen Fall verzichten kann. Auch wenn der Hamburger heutzutage mehr als weit verbreitetes Fast Food bekannt ist, so ist er eigentlich ein klassisches amerikanisches Do-It-Yourself-Grillgericht.

Und dann hat in den letzten Jahren ein anderes amerikanisches Grillgericht Furore gemacht, um das man in einem Buch über internationale Grillspezialitäten heutzutage nicht herum kommt. Mittlerweile hat es seinen Siegeszug auch in Europa angetreten. »Pulled Pork« ist der Name dieses

---

[1] https://www.govregs.com/regulations/title9_chapterIII_part319_subpartC_section319.80

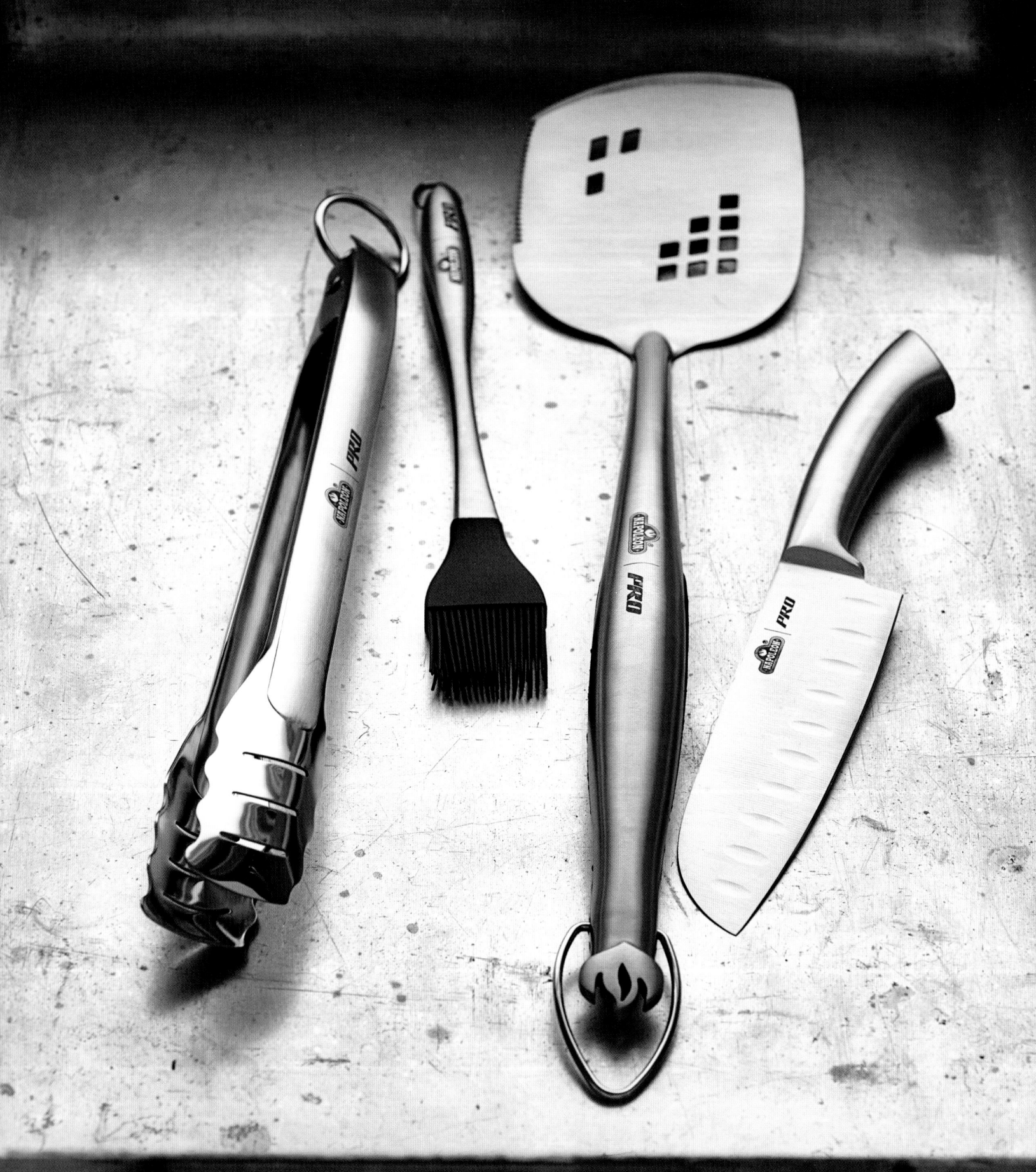

Gerichts, für das ein Stück Schweineschulter mariniert und dann bei niedriger Temperatur und indirekter Hitze über mehrere Stunden butterweich gegrillt wird. Das gegarte Fleisch wird leicht zerrupft und als Füllung in ein Brötchen gegeben. Ähnlich wie bei einem Hamburger sorgen Salat, Zwiebeln, Saucen und andere Beilagen für eine leckere Abrundung.

Neben Pulled Pork, Hamburgern und Spare Ribs, neben Rindersteaks und einigen Fischspezialitäten wie dem gegrillten Catfish (Wels) ist in den USA auch Geflügel eine sehr beliebte Alternative auf dem Grill. Ob Hähnchenschenkel oder -flügel (letztere sind auf Neudeutsch mittlerweile ja auch als Chicken Wings bekannt) – beim amerikanischen Barbecue geht es unkompliziert zu und »Handarbeit« ist beim Essen durchaus erlaubt.

In puncto Geflügel können die US-Amerikaner ihren direkten südlichen Nachbarn allerdings nichts vormachen: In Mexiko ist Grillhühnchen ein absoluter Klassiker. In verschiedenster Form und mit unterschiedlichsten Gewürzen wird hier Hähnchen zubereitet. Und mit Gewürzen sparen die Mexikaner nicht: Ihre Küche ist berühmt für kräftige, scharfe Aromen. Eine international bekannte Spezialität aus Mexiko hat es in sich und wird auch zu Gegrilltem gerne gereicht – die Salsa, eine pikante und fruchtige Sauce. An vielen anderen Grillbeilagen der mexikanischen Küche lässt sich der starke historische Bezug zu den Azteken, aber auch den spanischen Eroberern ablesen. Maistortillas, Bohnen, Quinoa, Amaranth oder Kürbisse, um nur einige der bunten Zutaten des mexikanischen Speiseplanes zu nennen. Vor allem die Tortillas seien jedem ans Herz gelegt, der sich mit mexikanischer Grilltradition beschäftigt: Sie dienen nicht nur als Beilage oder zum Einrollen von Fleisch und Gemüse, sondern auch als Hilfsmittel beim Essen, wobei sie quasi die Funktion eines Löffels übernehmen können – die nötige Fingerfertigkeit immer vorausgesetzt. Gebacken werden die Teigfladen traditionell auf großen Metallschalen auf dem heißen Feuer.

Die zuvor bereits erwähnte Methode des Grillens in einer heißen Erdhöhle, wie sie in den Südstaaten der USA bekannt war, hatte auch in Mexiko Tradition: Eine Erdhöhle wurde mit großen Blättern ausgekleidet, glühend heiße Steine und das Fleisch wurden hineingegeben, alles mit Blättern bedeckt und die Grube wieder verschlossen. Nun –

mittlerweile wird diese traditionelle Methode kaum noch genutzt, denn sie ist doch sehr zeitraubend. Auch in Mexiko grillt man mittlerweile auf Holz- oder Kohlefeuer.

AUSTRALIEN: SO GEHT GRILLEN DOWN UNDER

Wenn Australier zu einer Party zusammenkommen, dann ist in den meisten Fällen »Barbie« angesagt. Nein, es geht nicht darum, mit Puppen zu spielen. Barbie ist die liebevolle Bezeichnung der Australier für das Barbecue. Als Australien als Kolonie des britischen Empires besiedelt wurde, brachten die Farmer, Entdecker, Abenteuerlustigen und vor allem die Sträflinge und das Militär (Australien war zunächst Gefängniskolonie) die Erinnerungen an ihre heimischen Gerichte mit. Manches davon konnten sie bewahren, doch die Siedler entdeckten auch viele neue Pflanzen und Tiere, die sie nach und nach in den Speiseplan integrierten. Genossen wurden u. a. die süße kleine Buschbanane, das fruchtige Kaffirlimonenblatt und die edle Macadamianuss.

Auf den Grill kommt in Australien viel Meeresgetier. Fische wie der Red Snapper oder der Barramundi beispielsweise, Krebse, Garnelen, Austern, Hummer – das Meer vor Australiens Küste ist artenreich. Aber auch Fleisch steht auf dem Grillplan. Neben den australischen Schafen sind es Rinder, Enten, Emus, Krokodile oder auch Kängurus. Grillfleisch wird in Australien kräftig mariniert und mit der reichen Auswahl an Kräutern aromatisiert. Und nicht zuletzt sind da die wunderbaren exotischen Früchte wie Papayas, Kiwis, Mangos oder Buschbananen, die zu Chutneys und Saucen verarbeitet werden oder einfach nur als Dessert dienen. Vielfalt und Fülle ist also angesagt beim australischen Barbie.

Gegrillt wird in Australien scheinbar immer und auch überall. An vielen öffentlichen Stellen stehen Grills bereit, die kostenlos benutzt werden können oder mit Münzeinwurf funktionieren. Sie stehen am Strand, sie stehen in den Parks der Stadt und sogar mitten im Nirgendwo im australischen Busch. Im Gegensatz zu den Vorlieben der Amerikaner und Afrikaner stehen Holz- und Kohlegrills bei den Australiern nicht sehr hoch im Kurs. Ihre Barbecue Grills werden zumeist mit Gas betrieben. Um diese »Aussie BBQ« Plätze zu finden, braucht man nur auf eine der Internetseiten zu schauen, die sie auflisten. Da heißt es nur noch Grillgut mitbringen und los. Das eigene Fleisch und die Beilagen sollte man übrigens auch nicht vergessen, wenn man zu einer privaten australischen Grillparty eingeladen wird und in der Einladung gebeten wird »Please bring your plate«. Diese Bemerkung bezieht sich nämlich nicht nur auf das Geschirr, sondern auf einen Beitrag zum gemeinsamen Grillbuffet. Dabei sind Salat und sonstige Beilagen getrost zu vernachlässigen. Zu einem Stück Brot greifen die Australier schon einmal, aber eine Beilagenauswahl, wie man sie in Deutschland gewöhnt ist, wird man in Australien selten antreffen.

ASIEN: EXOTISCHES HIBACHI, BOLGOGI UND YAKITORI

Rein geografisch mögen Australien und Asien gar nicht so weit voneinander entfernt sein. Was die Küchenkultur und die Zubereitung der Speisen angeht, sind sie es ganz sicher. Und auch innerhalb des großen asiatischen Kontinents gibt es große nationale Unterschiede hinsichtlich der Grillkultur. Stehen bei den Australiern ganz klar die Gemeinschaft und das Miteinander um den Grill herum im Mittelpunkt, so ist die Zubereitung in Asien in der Regel etwas, das man im Alltag anderen überlässt. Gegrillt wird dort in vielen kleinen Garküchen und transportablen Grillstationen in den Straßen, von denen man sich die fertigen Grillgerichte holt. Natürlich gibt es auch in Asien Ausnahmen und wenn es um Feste und besondere Anlässe geht, greifen Hausfrauen selbst zu Grillgabel und Spieß oder man nutzt die Dienste eines Restaurantkochs.

In Japan entstand das Hibachi, eine Art Tischgrill, der mit Kohle betrieben wird. Ursprünglich handelte es sich einmal um sehr schmückende Gefäße und oft war ihre Aufgabe auch mehr das Heizen des Raumes als das Grillen von Speisen. Heute stehen die Hibachi Grills in vielen verschiedenen Formen in Restaurants oder werden auch als mobile Grills im Sommer mit in Parks und Gartenanlagen zum Freizeitgrillen mitgeführt. Auf den Grill kommen in Japan viele Meeresfrüchte, Fisch und Geflügel. Fleisch wird auch sehr gerne auf Spieße aufgezogen, mariniert und mit exotischen Gewürzen versehen, bevor es auf den Grill kommt. Aber auch wer sich lieber auf Gemüse konzentriert, kommt bei japanischen Grillgerichten auf seine Kosten und kann sich

viele exotische Gerichte wie beispielsweise Edamame, die unreifen Sojabohnen, schmecken lassen.

In Korea gibt es ein traditionelles Barbecue, das Bulgogi genannt wird. Rindfleisch wird in feine Streifen geschnitten, mit Sojasauce, Zucker, Pfeffer, durchgepresstem Knoblauch und Sesamöl mariniert und dann in einer flachen Pfanne ausgebraten oder auf dem Grill geröstet. Heute hat sich Korea hinsichtlich seiner klassischen Grillgerichte geöffnet und es wird auch Geflügel- und Schweinefleisch verwendet. Gegrillt wird in Korea nicht im Freien wie bei uns und es ist auch kein Freizeit-Gemeinschaftserlebnis. Man sitzt am Tisch und wartet, bis der Koch die Mahlzeit am Grill fertig zubereitet hat.

Fu Xi, der erste chinesische Ur-Kaiser, lehrte die Chinesen der Legende nach das Jagen und Fischen und sie begannen, sich von Fisch und Fleisch zu ernähren. Das bekam ihnen aber nicht so gut wie ihre bisherige Ernährung aus Obst und Gemüse. Doch Fu Xi zeigte seinen Untertanen, wie man das Fleisch brät, um es verträglicher zu machen. So entstand das Chinesische Barbecue also eigentlich aus gesundheitlichen Gründen. Das Fleisch wird zum Grillen klein zerteilt und gewürzt; auch hier ist wie fast überall in Asien Sojasauce ein unverzichtbarer Bestandteil zum Marinieren des Fleisches. Doch die Varianten, die durch die Auswahl von Kokosnuss, Cili, Ingwer, Zitronengras, Satay und vielen weiteren Gewürzen entstehen, lassen das Fleisch geschmacklich einmal süß-sauer, einmal würzig oder ein anderes Mal pikant werden. Yakitori heißen die kleinen Grillspieße mit Hühnchen, Schwein- oder Rindfleisch und bunten Gemüsen, die eng an eng auf dem Yakitori-Grill liegen.

Doch die chinesische Grillküche kennt noch mehr Delikatessen als Yakitori. Wer hat beispielsweise noch nie von der legendären Peking-Ente gehört, deren Zubereitung auf ganz bestimmte Art erfolgt und deren knusprige Haut wohl alleine schon jeden Genießer zum Schwärmen bringt. Dass es auch ganz schlicht zugehen kann beim typisch chinesischen Grillen zeigt die Zubereitung von Tintenfischen, die nach dem Säubern nur zerkleinert, auf Spieße gezogen und kurz gegrillt werden. Hier steckt das wohlschmeckende Geheimnis im Dressing, das zu den Kalmaren gereicht wird.

Ein kleiner Ausflug nach Thailand präsentiert schließlich das Gewürz, das für viele die asiatische Küche aromatisch prägt wie kein anderes. Und hier in Thailand wird es zelebriert: Gemeint ist Curry, jenes mal würzige, mal sanfte, mal scharfe Gewürz, das eigentlich eine Mischung aus vielen verschiedenen Gewürzen darstellt. Curry ist in Europa meist als Gewürzpulver zu finden, doch die asiatische Küche, speziell die thailändische, bevorzugt Currypaste. Ob im klassischen Thai Curry oder für eine Sauce zu gegrillten Garnelen – Currypasten in verschiedenen Schärfegraden gehören in Asien zur Standardausrüstung jeder Küche.

AFRIKA: VON BRAAI IM SÜDEN BIS ZUM ÄGYPTISCHEN NORDEN

Wer möchte nicht von sich behaupten können, der erste gewesen zu sein? Mag auch in der Karibik das Wort Barbecue seinen Ursprung haben und mögen auch die Südamerikaner vielleicht die schönsten Grillfeste zelebrieren – wissenschaftliche Forschungen weisen die ersten gegrillten Mahlzeiten Südafrika zu. Knochenfunde an Feuerstellen lassen sich bis zu einer Zeit vor 1,5 Millionen Jahren nachweisen und die Anthropologen sind sich sicher: Hier handelt es sich nicht um Tiere, die einfach nur einem natürlichen Brand zum Opfer fielen. Ein bewusst gehütetes Feuer hat wesentlich höhere Temperaturen zu bieten als ein Busch- oder Waldbrand und die Analyse der Knochenfunde zeigt eindeutig: Schon damals wurde in Südafrika Fleisch im Feuer gegart und das Grillen damit im Prinzip geboren.

Die Gegend der ersten nachgewiesenen Grillstellen ist heute »Braai-Land«. Braai ist die Bezeichnung für die südafrikanische Grilltradition, die auch heute noch intensiv gepflegt wird und ein wichtiger Teil der Kultur ist. Beim Braai trifft man sich, es ist gesellschaftlicher Höhepunkt und unverzichtbar bei großen Feiern. Es gibt sogar einen nationalen Feiertag, der diesem Grillen gewidmet ist: Der 24. September ist in Südafrika jedes Jahr Braai Day.

Wenn auch heute ab und an bereits Holzkohle zum Einsatz kommt: Ein traditionelles Braai kann nicht auf ein Holzfeuer verzichten. Es braucht also viel Vorlaufzeit, bis das Fleisch dann über der Glut gegrillt wird. Rinder, Kudus, Zebras, Antilopen, Hühner, Ziegen, Lämmer und Schweine landen auf dem Rost. Wer in Namibia zu einem Braai eingeladen wird, bekommt auch Krokodilfleisch.

Die starken niederländischen Einflüsse während der Kolonialzeit haben sich auch im lukullischen Bereich niedergeschlagen: Boerewors ist eine Grillspezialität, die bei einer südafrikanischen Grillparty nicht fehlen darf. Es ist Afrikaans für »Bauernwurst« und bezeichnet eine große Bratwurst, meist zu einer Schnecke geformt, die mit gehacktem Rind-, Schwein- oder auch Wildfleisch gefüllt ist.

Im Gegensatz zu den Grillmeistern in Südamerika schwören ihre südafrikanischen Kollegen auf Marinaden. Unterschiedlichste Gewürze bereichern die afrikanische Küche und beim Herstellen der Grillmarinaden sorgen sie für fantastische Geschmacksvariationen. Mal würzig-scharf, mal fruchtig-süß – in Südafrikas Küche trifft Exotik auf europäische Wurzeln. Wer hat nicht schon einmal von Peri-Peri-Sauce (auch als Piri Piri bekannt) gehört? Oder auch vom Chakalaka, einer Art würzigem Relish?

Doch nicht nur im Süden Afrikas wird gegrillt. Es gibt wohl kein Land, in dem Grillfeuer, Steaks und ländertypische Grillspezialitäten unbekannt sind. Aber so unterschiedlich wie die Vegetation, das Klima und die Kulturen im Süden und im Norden des afrikanischen Kontinents sind, so unterschiedlich ist auch seine Speisekarte. Nehmen wir ein afrikanisches Land in den Blick, das durch seine Nähe zu Arabien, zum Mittelmeerraum und durch seine lange Zugehörigkeit zum Osmanischen Reich verschiedene kulturelle Einflüsse erlebte: Ägypten.

Wenn in Ägypten Fleisch gegrillt wird, kommen hauptsächlich Rind, Lamm und Geflügel auf den Grill. Daneben sind auch Fisch und Meeresfrüchte beliebt: Viktoria- oder Nilbarsch ist nicht nur hier als Delikatesse bekannt. Schweinefleisch spielt im überwiegend islamisch geprägten Land kaum eine Rolle. Doch wer die ägyptische Küche näher anschaut, wird schnell merken: Fleisch und Fisch spielen hier längst nicht die dominante Rolle, die sie in vielen anderen Ländern einnehmen. Hier sind Gemüse und Früchte unverzichtbare Basis des Speiseplanes. Hier spielen Hülsenfrüchte wie Linsen oder Erbsen eine große Rolle, aber vor allem ist eine Mahlzeit ohne Aish Shami, das ägyptische Fladenbrot, nahezu undenkbar. Überhaupt sind die Ägypter historische Brot-Weltmeister und kannten die Technik des Sauerteigs bereits lange, bevor wir in Europa davon träumen konnten.

SÜDEUROPA: GRILLKÜNSTE VON HOMER BIS DA VINCI

Unsere südeuropäischen Nachbarn sind als Gourmets und Liebhaber von Gaumenfreuden bekannt. Ob Italien, Griechenland oder Spanien: Wer mag angesichts der abwechslungsreichen mediterranen Genüsse nicht ins Schwärmen kommen? Da ist es sicher nicht verwunderlich, wenn in einem Buch über internationale Grillkünste diese Länder nicht unerwähnt bleiben dürfen. Aber gibt es überhaupt eine Grilltradition in den Ländern von Pizzaofen, Gyros und Paellapfanne? Die Antwort lautet ganz klar: Ja, die gibt es!

Es gibt eine sehr frühe Erwähnung eines griechischen Grillfestes in einem sehr bekannten literarischen Werk: Homer erzählt in seiner weltberühmten Odyssee vom Schlachten und Grillen einer Kuh, deren Fleisch an Spießen über dem Feuer gegart wird. Wir erhalten sogar einen Einblick in die Zubereitungsart: Vom Umwickeln mit Fett ist die Rede und vom Beträufeln mit Rotwein. Große Grillgelage im Freien waren zu Zeiten von Odysseus keine Seltenheit, sondern gängige Abschlussfeiern einer erfolgreichen Schlacht. Und von denen gab es ja bei den kampfeslustigen griechischen Eroberern nicht gerade wenige, wenn man den Geschichtsbüchern glauben darf.

Die Vorliebe für das Grillen von Rindfleisch, Ziegen und Lämmern ist den Griechen erhalten geblieben, doch ein Gericht steht wie kaum ein anderes für die griechische Küche, wenn es ums Grillen geht und vermutlich waren die Grillspieße der antiken Griechen die Vorläufer dieses heutigen Nationalgerichts: Gemeint ist Souvlaki, was übersetzt nichts anderes als »Spießchen« bedeutet. In der Regel ist es Schweinefleisch, das in Würfel geschnitten und in Zitronensaft, Salz, Pfeffer und Oregano mariniert wird. Auf Spieße aufgesteckt wird das Fleisch dann auf dem Grill zubereitet.

So sehr die Griechen ihr Souvlaki und etliche andere fleischlichen Grillspezialitäten lieben, so laufen sie doch trotzdem nie Gefahr, deshalb andere Gerichte zu vernachlässigen. Wie alle Mittelmeerländer können auch sie mit einem reichhaltigen Angebot an Meeresfrüchten und Fischen auf ihrem Speiseplan aufwarten. Oft mit vielen Kräutern gewürzt, vom Knoblauch geküsst und fast nie ohne das obligatorische Olivenöl, das mit wunderbarem Geschmack und Bekömmlichkeit gleichermaßen punkten kann. In Marinaden ist es nahezu unverzichtbar und bereitet auch so mancherlei Gemüse für den Einsatz auf dem Grill vor: Auberginen, Zucchini, Paprika, Weinblätter, Oliven – die ganze Fülle der griechischen Gemüsegärten verströmt bei griechischen Grillfesten ein wunderbares Aroma.

Auch die südeuropäischen Nachbarn lassen sich in puncto mediterranem Flair auf dem Grill nicht lumpen: In Italien geht nichts ohne Tomaten, so wissen wir es von Pasta bis Pizza. Caprese, jene traumhafte Kombination von Tomaten und Mozzarella, ist nicht nur als klassischer Salat ein absolutes Highlight bei italienischen Grillveranstaltungen, sondern auch auf dem Grill als Füllung eines Bratens oder als perfekte Zutat für einen Portobello-Burger ein Traumpaar par excellence. Und wer der Meinung ist, dass es ohne Pizza bei einem italienischen Essen nicht geht, dem sei gesagt: Ab auf den Grill mit der Pizza! Auf einem Pizzastein wird sie ideal gegart und beweist die absolute Vielfältigkeit, die uns durch unterschiedliche Grilltechniken mit direkte und indirekte Hitze beschert werden.

Übrigens können auch die Italiener eine berühmte Persönlichkeit vorweisen, die sich in der Geschichte des Landes um die Grillkultur verdient gemacht hat: Kein Geringerer als Leonardo da Vinci hat sich intensiv mit der Technik des Grillens am Spieß beschäftigt. Dem vielseitigen Wissenschaftler, Denker und Künstler ließ der Gedanke keine Ruhe, dass doch auch eine automatische Drehung des Grillspießes möglich sein müsste, ohne dass ein Küchenjunge unaufhörlich zum Drehen einer Kurbel gezwungen wurde. Einer seiner erdachten Mechanismen setzte den Spieß durch die Aufwinde des heißen Grillfeuers im Kamin in Gang, die mittels Propeller genutzt wurden. Allerdings stellte sich heraus, dass die nötige Hitze so groß war, dass das Grillgut dabei zu stark verbrannte. Eine andere Idee Da Vincis hingegen ließ sich umsetzen und ist noch heute in Avignonesi zu bewundern: An einem hohen Flaschenzug wird ein Gewicht wie in einer Pendeluhr manuell nach oben gezogen und sorgt dann während der nachfolgenden Abwärtsbewegung durch das Eigengewicht für den Antrieb des Grillspießes.

Beim traditionellen Grillen in Spanien stehen weniger ein Spieß oder ein Grillrost als vielmehr eine Grillplatte im Mittelpunkt, »La Plancha« genannt. Auf die glühenden Kohlen

oder einen Rost gelegt oder heutzutage auch als modernes kompaktes Grillgerät liefert La Plancha beim Grillen eine starke Hitzeübertragung und verhindert das Tropfen von Fleischsaft und Marinade ins Feuer. Ob beim direkten oder indirekten Grillen: Diese spanische Methode macht nicht nur das Grillen von Steaks oder Fisch zum Vergnügen, sondern ist auch ideal zum Garen von Scampi, Tintenfischringen oder Gemüse. Nichts muss erst auf Spieße gezogen werden oder auf andere Weise vom Durchrutschen durch den Grillrost gehindert werden. Zudem brutzelt alles so ganz wunderbar im eigenen Saft oder in der Marinade.

Vom westlichen Südeuropa machen wir einen Sprung in seinen östlichen Teil und schauen den türkischen Grillmeistern in die Töpfe – beziehungsweise auf den Rost. Die geografische Lage der Türkei bescherte ihr die unterschiedlichsten kulturellen und auch kulinarischen Einflüsse. An der Schnittstelle zwischen westlicher und östlicher, zwischen christlicher und islamischer Kultur und auch zwischen den geografisch geprägten Unterschieden von Mittelmeer, dem Fernen Osten und dem nördlichen Afrika ist die Türkei ein bunter Schmelztigel der verschiedenen Einflüsse – ein Privileg, von dem nicht zuletzt die türkische Küche profitiert. Dass hier das Grillen eine wesentliche Rolle spielt, zeigt sich nicht zuletzt am Namen vieler Lokale und Restaurants, der oft ein »Grill« enthält.

Wenn wir heute nach einem typisch türkischen Gericht gefragt werden, so dürfte vermutlich »Kebab« die meistgegebene Antwort sein. Zu verdanken ist dies unbestritten den vielen Fast-Food-Restaurants in Deutschland, in denen der senkrechte, sich drehende Grillspieß im wahrsten Sinne des Wortes der Dreh- und Angelpunkt der Speisekarte ist. Dabei ist Kebab in der Art wie wir es als Döner Kebab kennen eigentlich gar kein urtraditionelles türkisches Gericht. Erst Ende des 19. Jahrhunderts entstand in der türkischen Stadt Bursa das Iskender Kebap, benannt nach seinem Erfinder, das als Tellergericht mit Beilagen serviert wird. Von diesem dünn geschnittenen Grillfleisch leitet sich der bei uns bekannte Döner Kebab ab, der in der Türkei selbst kaum bekannt ist.

Neben dem Kebab sind Köfte eine beliebte Grillspezialität in der Türkei und Armenien. Aus Rinder- oder Lammhackfleisch werden die Köfte hergestellt, die mit unseren Frika-

dellen vergleichbar sind, aber durch Gewürze wie Kreuzkümmel, Koriander oder Knoblauch ihren eigenen Charakter bekommen. Mittlerweile landen Köfte auch oft in der Pfanne, aber auf dem Grill, auf den sie traditionell gehören, bekommen sie ein wunderbar herzhaftes Röstaroma.

Gegrilltes Fleisch stand in der Türkei nicht traditionell im Mittelpunkt, wenn es um den Speiseplan ging. Gegrilltes Gemüse, Getreide und Hülsenfrüchte sind die Basis der türkischen Küche und auch heute noch kulinarische Leckereien vom Grill. Auberginen, Paprika, Pide und Bulgur sind gerne und oft gesehene Bestandteile des Speiseplans. Die bereits erwähnte kulturelle Verschmelzung beschert der türkischen Küche aber auch viele Honig- und Joghurtgerichte, Oliven, Zitronen und Feigen, Fische und Meeresfrüchte, Lammgerichte und exotische Gewürze. Wer sich auf türkische Grillgerichte einlässt, wird in Sachen Aroma und Geschmack immer wieder fantastische Überraschungen und intensive Gaumenkitzel erleben.

Ein wesentlicher Unterschied zwischen dem Grillen in unseren nördlicheren Breiten und in den gerade betrachteten südeuropäischen Ländern lässt sich übrigens deutlich beobachten: Während in Deutschland der Grill meist zur Abendessenszeit zwischen 18 und 20 Uhr angeworfen wird, lassen sich Spanier oder Italiener damit Zeit bis in die fortgeschritteneren Abendstunden – sie tragen damit den deutlich höheren Tagestemperaturen im Sommer Rechnung und genießen lieber die lauere späte Abendzeit.

OSTEUROPA: DEFTIGE KOST VOM GRILL

Es ist eine herzhafte und deftige Küche, die Länder wie Ungarn, Polen oder Russland prägt. Wenn man sich dort um ein Grillfeuer versammelt, dann darf das wohl landestypischste Grillgericht nicht fehlen, das Schaschlik. Ob in Ungarn, Kroatien oder Russland: Viele lange Grillspieße sind die Grundausstattung jedes Haushalts und sie werden eifrig bestückt mit Fleisch (zumeist Schwein oder Lamm) und meist auch Zwiebeln. Paprika, Chili und Knoblauch sorgen für würzigen Geschmack. Überhaupt kommen wohl in keinen anderen Ländern so viel Paprikapulver, Paprikapaste oder auch Paprikafrüchte zum Einsatz wie hier, besonders in Ungarn.

Und wenn wir gedanklich in Ungarn weilen, uns die Weiten der Puszta vorstellen und die Feuer in der Steppenlandschaft, dann kommt uns unweigerlich das Nationalgericht der Ungarn schlechthin in den Sinn: das Gulasch. Allerdings darf man sich nicht wundern, wenn in Ungarn selbst dieses Gericht, das im Topf auf dem Feuer langsam vor sich hin köchelt und Fleisch, Zwiebeln und Paprika enthält, gar nicht als Gulasch bezeichnet wird, sondern als Pörkölt oder Paprikás. Unter einem Gulasch oder vielmehr Gulyas versteht man dort eher eine Fleischsuppe mit Kartoffeln und Gemüse ergänzt. Aber wie auch bei uns bei vielen traditionellen Gerichten hat in Ungarn jede Region, jede Hausfrau, ihr ganz eigenes Familienrezept für ein Gulyas oder Pörkölt. So wie der Gulaschtopf einst in der Puszta über dem Feuer der Hirten seinen Platz hatte, so simmert ein Gulasch auch heute auch ganz wunderbar auf einem Grill in einem sogenannten Dutch Oven vor sich hin, einem gusseisernen Feuertopf.

Was den Ungarn das Gulasch, ist den Russen ihr Borschtsch: Ein äußerst beliebtes und verbreitetes Nationalgericht. Ursprünglich stammte es wohl aus der Ukraine, es wird aber heute meist auch der russischen Tradition zugeordnet. Borschtsch ist eine Suppe und kein Grillgericht könnte man einwenden. Eine Hauptzutat dieser Suppe sind Rote Bete und die kann man, bevor sie in der Brühe landen, zunächst auf dem Grill kräftig rösten, um sie zu garen und dann von der Schale zu befreien. Auch das nötige Wurzelgemüse wird oft im Grillfeuer gegart, bevor es den Borschtsch-Topf bereichert.

Eine ganz wichtige Zutat beim osteuropäischen Grillen ist die Gemeinschaft: Man trifft sich regelmäßig im Familien- und Freundeskreis und lässt es sich über mehrere Stunden hinweg beim Schlemmen gut gehen. Eine andere wichtige Zutat ist etwas hochprozentiger: Es ist der Wodka, der bei russischen Treffen nicht fehlen darf und auch oft zum Abschmecken seinen Weg in den Borschtsch findet.

NORD- UND MITTELEUROPA: GRILLEN WIE GOTT IN FRANKREICH?

Frankreich ist das Land der Haute Cuisine, der Sterneköche und unvergleichbarer Genüsse. Aber ist Frankreich auch ein Land, in dem traditionell gegrillt wird? Kann England seinen schlechten Ruf in puncto Küchenkünste wenigstens am Grill gegen den einer Kolonialmacht tauschen, die von ihren internationalen Erfahrungen profitiert? Sorgt das Grillen in den langen skandinavischen Midsommernächten für kurzweilige Gaumenfreuden? Und sind wir in Deutschland mehr als nur Meister der Bratwürste? Kurzum: Können wir in Nord- und Mitteleuropa in Sachen Grilltradition überhaupt mithalten mit den südafrikanischen Erfahrungen und den weltbekannten BBQs der US-Amerikaner?

Nach unserer kleinen Weltreise in Sachen Grillkultur und -geschichte sind wir also bei unseren mitteleuropäischen Grillstellen angekommen und schauen über den Zaun zu unseren direkten Nachbarn, aber auch auf den eigenen Teller.

Beginnen wir mit einem kurzen Streiflicht auf ein Land, das bei Berichten über besondere kulinarische Genüsse und Rezepte selten im Fokus steht: England. Doch in Sachen grillgeschichtlichem Hintergrund kann England mit einem sehr interessanten und bemerkenswerten Detail dienen. Der schwedische Zoologe und Botaniker Carl von Linné beschrieb Mitte des 18. Jahrhunderts in einem Buch über die Klassifizierung von Hunden den englischen »Turnspit Dog« canis vertigus. Bereits 1576 war dieser Drehspieß-Hund in einem Druck dargestellt worden: Ein kleiner, langgestreckter Hund läuft in einer Art großem Hamsterrad und treibt dadurch über einen Riemen den Bratenspieß über dem Küchenfeuer an. Üblicherweise wurden derartige Spieße mittels Kurbel von Küchenjungen in Bewegung gehalten, um das Fleisch darauf gleichmäßig zu garen. Hier in England übernahmen nach der Erfindung dieser Tretmühle in vielen Küchen herrschaftlicher Häuser Hunde diese Aufgabe. Turnspit Dogs mit besonders kurzen Beinen wurden sogar speziell für diese Aufgabe gezüchtet und sie sind vermutlich die Urväter der heutigen Welsh Corgis.

Wenn es um kulinarische Genüsse, um Küchenfertigkeit und Küchenkunst geht, wenden wir unseren Blick einem anderen mitteleuropäischen Land zu: In dieser Hinsicht kann es wohl kein Land mit Frankreich aufnehmen. Hier ist ein erlesener Zirkel zuhause, der international äußerst angesehen ist. Mitglied in der Bruderschaft »Chaine des Rôtisseurs« zu sein kommt einem Adelsschlag gleich und ist die höchste Ehre, die einem im Gastgewerbe zuteilwerden kann. Es sind Fachleute wie Laien gleichermaßen, Köche wie Sommeliers, Hotel-

besitzer wie Feinschmecker, die bei Galadiners, Meetings und Infoveranstaltungen zusammenkommen. Die Bruderschaft ist hierarchisch organisiert und es gibt regionale Gruppen in verschiedenen Ländern. Die Zentrale ist aber nach wie vor in Paris, wo die »Chaine des Rôtisseurs« 1248 gegründet wurde. Die Vereinigung sieht sich den alten Traditionen der »Gilde von Gänseröstern« verpflichtet, auf der sie fußt und will die Hohe Kunst von Küche, Tischsitten und gastronomischem Können bewahren und fördern. Im Jahre 1610 bekam die Chaine von König Louis XII. das Recht zugestanden, ein eigenes Wappen zu führen. Wenn wir dieses Wappen mit seinen zentralen Elementen, den beiden gekreuzten Grillspießen, betrachten, dann wird deutlich: Das Grillen ist es, das die Basis der französischen Kochkunst bildet. Die traditionellen Grillgerichte sind von Region zu Region unterschiedlich. Von der mediterranen Küche in Südfrankreich über die eher herzhaften Gerichte im Elsass bis hin zu den flämisch und flandrisch geprägten Gegenden Nordfrankreichs spannt sich der Bogen. Doch egal ob Garnelen auf dem Grill duftend vor sich hin brutzeln, ob eine Tarte bei indirekter Hitze gart oder ob die sehr würzigen Merguez-Würstchen gegrillt werden – in Frankreich wird jedes Menü zelebriert. Und da Käse in Frankreich immer irgendwie zu einer Festmahlzeit dazu gehört, darf er auch beim Grillen nicht fehlen. Kurzerhand haben die Franzosen beschlossen, dass auch dem Käse ein Platz auf dem Grill gebührt und lassen einen Camembert in der Hitze schmelzen.

Käse ist in Skandinavien nicht unbedingt ein traditionelles Grillgericht. In Finnland, Norwegen und Schweden steht – wie könnt es anders sein – vor allem Fisch auf dem Grillplan, allen voran der Lachs, der hier frisch gefangen werden kann. Natürlich kommt in Skandinavien auch Fleisch auf den Grill. Neben Rind- und Ziegenfleisch gibt es hier im Norden eine Spezialität, die im restlichen Europa nur selten als Grillgut dient. Gemeint ist Elchfleisch, eine äußerst delikate Bereicherung des Speiseplanes. Das Jedermannsrecht gestattet in Skandinavien an vielen Stellen in der Natur das Grillen, so dass es ein beliebtes Freizeitvergnügen ist. Große flache Grillpfannen, die auf Beinen direkt über das offene Feuer gestellt werden, sind vor allem in Finnland zum Grillen sehr beliebt und eine bequeme transportable Lösung. Vor dem Entfachen eines offenen Grillfeuers sollte man sich aber unbedingt nach den landestypischen gesetzlichen Regelungen erkundigen.

Bei unseren Nachbarn in Belgien ist Grillen ein so beliebtes Freizeitvergnügen wie bei uns in Deutschland, das ebenfalls zumeist im heimischen Garten stattfindet. Grillgerichte gehören neben frittierten Speisen zu den Favoriten der belgischen Küche. Herzhafte Fleischgerichte aus Kaninchen-, Schweine- oder Rindfleisch bilden den Mittelpunkt auf dem Grill, der in Belgien eher seltener von Gemüse oder Fisch erobert wird. Doch des Deutschen liebstes Grillkind ist und bleibt die Bratwurst, dicht gefolgt vom Schweinesteak. Und Wurst ist in Deutschland lange nicht Wurst und kaum ein anderes Land verfügt über eine solche breite Vielfalt an Grillwürsten. Doch auch regionale Besonderheiten wie der Steckerlfisch oder die Schweinshaxe in Süddeutschland machen die deutsche Grilllandschaft aus.

Gibt es eine typisch deutsche Grilltradition, die in anderen Ländern nicht zu finden ist? Wenn man den Berichten von vielreisenden Autoren der Genuss- und Restaurantszene glauben darf, dann haben sie tatsächlich nirgends etwas gefunden, das mit dem Schwenkgrill vergleichbar wäre, der in Deutschland vielfach im Einsatz und vor allem auf Volksfesten und anderen Großveranstaltungen beliebt ist. Über dem Grillfeuer in Bewegung gesetzt, so dass die Hitze gleichmäßig auf sämtliches Grillgut einwirken kann, garen auf dem Rost bevorzugt vor allem Steaks, Bauchfleisch oder gewickelte Speckfackeln. Schweinefleisch ist und bleibt in Deutschland nun einmal das Grillfleisch Nummer Eins.

In den deutschen Gärten und auf den Terrassen haben die klassischen Holzkohlegrills in den letzten Jahren deutliche Konkurrenz von Gasgrills bekommen. Sie sind sofort ohne Vorglühzeit zu benutzen und es droht keine Rauchbelästigung der Nachbarn – vermutlich die beiden Hauptgründe für den Wechsel zum Gas. Die internationalen Rezeptvorschläge, die in diesem Buch zu finden sind, können unabhängig von der Betriebsart des Grills umgesetzt werden. Für die meisten Grillgerichte genügt ein offener Grill, einige sollten bei indirekter Hitze und geschlossenem Deckel umgesetzt werden. Die Auswahl ist so groß und bunt, dass Sie sicher viele für Ihre Ausstattung geeignete Vorschläge zum Nachgrillen finden. Die Rezepte wollen Anregung und Anleitung sein, aber natürlich gilt jederzeit: Variieren nach Herzenslust erlaubt!

JETZT WIRD EINGE-HEIZT

REZEPTE

EUROPA

NORD- UND MITTELEUROPA

Altvertraut und doch ganz neu: So gut wir unsere landestypischen Grillgerichte und die unserer unmittelbaren Nachbarn auch kennen, so überraschend sind manchmal die ungewöhnlichen Alternativen, die sich »ergrillen« lassen. Spargel mit Hollandaise vom Grill? Coq au Vin als Grillrezept? Flammkuchen mit Sauerkraut? Hier gibt es auf jeden Fall mehr zu entdecken als das übliche Nackensteak oder die Thüringer Bratwurst. Es lohnt sich mit Sicherheit! Und eine Wurst kann ja trotzdem mit auf den Grill …

SÜDEUROPA

Wenn zwischen Weinbergen und Meeresstrand die Sonne lacht, dann ist es Zeit für einen Ausflug in das Reich der südeuropäischen Grillrezepte. Spanien, Griechenland und Italien locken mit Grillgemüsen, Meeresfrüchten und anderen Grillspezialitäten. Doch auch Gerichte, die man eigentlich nicht mit dem Grillen in Verbindung bringt, stehen auf dem Programm: Pizza, gefüllte Weinblätter oder auch süßes Baklava. Lassen Sie sich einfach überraschen und staunen Sie!

OSTEUROPA

Wer hätte vermutet, dass auch die osteuropäischen Länder traditionelle Grillnationen sind? Zugegeben – klassische Grillgerichte finden sich in diesem Kapitel weniger als in den anderen. Doch dafür zeigen die Rezepte für Borschtsch, Lamm-Kebab oder Kalbsschnitzel Stroganoff, dass auch die Traditionsgerichte dieser Länder vermutlich alle irgendwie auf der Kunst des Grillens aufbauen. Hier haben Sie Gelegenheit, die unterschiedlichen Spielarten des Grillens auszuprobieren und auch einmal zu Topf und Spieß zu greifen.

FLAMMKUCHEN
MIT SAUERKRAUT UND WURST

FÜR 1–2 PERSONEN ALS HAUPTSPEISE
ZUBEREITUNG: 2 STUNDEN 15 MINUTEN
SCHWIERIGKEIT: ✪ ✪ ✪

1 Portion Flammkuchen-Teig
(siehe Seite 28)
1 Portion Flammkuchen-Sauce
(siehe Seite 28)
200 g Bratwurst
125 g Sauerkraut
30 g Rosinen
1 Zwiebel
1 TL Curry-Gewürzmischung
6 Scheiben Katenspeck

1. Den Flammkuchen-Teig und die Flammkuchen-Sauce wie in den jeweiligen Rezepten beschrieben vorbereiten. Den Grill auf eine Temperatur von 220 °C erhitzen.

2. Die Bratwurst auf dem Rost rundum braun grillen, anschließend in Scheiben schneiden. Die Temperatur des Grills auf 275 °C erhöhen und einen vorgeheizten Pizzabackstein daraufstellen.

3. Die Zwiebel schälen und in Ringe schneiden. Die Zwiebelringe 1 Minute in kochendem Salzwasser blanchieren, anschließend gut abtropfen lassen. Das Sauerkraut in einem Sieb abtropfen lassen, dann in einer Pfanne leicht erhitzen. Die Rosinen und die Curry-Gewürzmischung hinzufügen.

4. Den vorbereiteten Flammkuchen-Teig dünn ausrollen und mit einer Gabel mehrmals einstechen. Den Flammkuchen 20 Sekunden lang auf dem heißen Pizzabackstein vorbacken. Die vorbereitete Sauce gleichmäßig auf den vorgebackenen Flammkuchen verteilen. Das Sauerkraut locker darauf verteilen. Den Flammkuchen mit den Zwiebelringen, dem Katenspeck und den Wurstscheiben belegen. Den Flammkuchen weitere 3 Minuten auf dem heißen Pizzabackstein backen, dann sofort servieren.

FLAMMKUCHEN

FÜR 1–2 PERSONEN ALS HAUPTSPEISE
ZUBEREITUNG: 2 STUNDEN
SCHWIERIGKEIT: ✪ ✪ ✪

FÜR DEN FLAMMKUCHEN-TEIG

200 g Weizenmehl Type 405
   oder Type 550
5 g Salz
5 g frische Hefe
5 g Zucker
200 ml lauwarmes Wasser
20 ml Rapsöl

FÜR DIE FLAMMKUCHEN-SAUCE

125 ml saure Sahne
125 ml Crème fraîche
1 EL Weizenmehl Type 405
   oder Type 550
1 Eigelb
1 EL Rapsöl
frisch gemahlene Muskatnuss
gemahlene Kardamomsamen
edelsüßes Paprikapulver
frisch gemahlener weißer Pfeffer
gemahlene Gewürznelken
Salz

1. Für den Flammkuchen-Teig das Weizenmehl und das Salz in eine Schüssel geben. Die Hefe und den Zucker in 50 ml Wasser auflösen und etwa 15 Minuten ruhen lassen. Dann das angerührte Hefe-Wasser-Gemisch, das Rapsöl und das restliche Wasser zu dem Weizenmehl geben und mit dem Handrührgerät (Knethaken) auf niedrigster Stufe in 5 Minuten zu einem glatten Teig verkneten. Den Teig zu einer Kugel formen, diese mit einem Küchentuch bedecken und 1 Stunde ruhen lassen. Den Teig nach der Ruhezeit einmal durchkneten und anschließend weitere 30 Minuten ruhen lassen.

2. Für die Flammkuchen-Sauce die saure Sahne, die Crème fraîche, das Weizenmehl, das Eigelb und das Rapsöl glatt rühren. Die Sauce mit etwas frisch geriebener Muskatnuss, gemahlenen Kardamomsamen, edelsüßem Paprikapulver, frisch gemahlenem weißen Pfeffer und einem Hauch gemahlenen Gewürznelken würzen. Dabei sollte der weiße Pfeffer das dominante Aroma sein. Die Flammkuchen-Sauce mit Salz abschmecken.

3. Den Flammkuchen-Teig auf einer bemehlten Arbeitsfläche dünn ausrollen und mehrmals mit einer Gabel einstechen. Den Flammkuchen 20 Sekunden lang auf einem vorgeheizten heißen Pizzastein (275 °C) vorbacken. Die vorbereitete Sauce gleichmäßig auf den vorgebackenen Flammkuchen verteilen. Den Flammkuchen nach Belieben belegen (zum Beispiel mit Sauerkraut und Wurst). Den Flammkuchen weitere 3 Minuten auf dem heißen Pizzabackstein backen, dann sofort servieren.

SPECKFACKELN

FÜR 4 PERSONEN ALS VORSPEISE
ZUBEREITUNG: 20 MINUTEN
MARINIEREN: 1 STUNDE
SCHWIERIGKEIT: ✪ ✪ ✪

1 Knoblauchzehe
1 TL Currypulver
½ TL edelsüßes Paprikapulver
¼ TL Cayennepfeffer
4 EL Ketjap Manis (süße Sojasauce)
1 EL Sonnenblumenöl
600 g Schweinebauchscheiben, in
    5 mm dünne Scheiben geschnitten
reichlich Holzspieße

1. Die Knoblauchzehe schälen, durch die Presse drücken und mit dem Curry-pulver, dem Paprikapulver, dem Cayennepfeffer, dem Ketjap Manis und dem Sonnenblumenöl zu einer Marinade verrühren. Die Schweinebauch-scheiben der Länge nach in etwa 2,5 cm breite Streifen schneiden und in eine Schüssel geben. Die Marinade darübergeben und alles gut vermen-gen. Anschließend 1 Stunde ruhen lassen.

2. Den Grill auf eine Temperatur von 180 bis 200 °C vorheizen. Jeden mari-nierten Schweinebauchstreifen vom Ende her auf einen Holzspieß stecken und nach unten schieben. Dann den Schweinebauchstreifen wie eine Spi-rale eng um den Spieß wickeln. Das andere Ende ebenfalls aufspießen und fixieren.

3. Die so entstandenen Speckfackeln etwa 8–10 Minuten bei indirekter Hitzezufuhr unter geschlossenem Grilldeckel grillen. Die Speckfackeln dann weitere 5 Minuten bei direkter Hitze grillen, bis das Fleisch gar und knusprig ist. Dabei die Speckfackeln fortwährend drehen und wenden.

STECKERLFISCH
VOM GRILL

FÜR 4 PERSONEN ALS HAUPTSPEISE
ZUBEREITUNG: 1 STUNDE 15 MINUTEN
MARINIEREN: 12 STUNDEN
SCHWIERIGKEIT: ✪✪✪

4 fangfrische, ausgenommene Forellen
   oder Makrelen (à 350–400 g)
1–2 Zitronen
Salz
frisch gemahlener Pfeffer
150 ml Sonnenblumenöl
1 TL edelsüßes Paprikapulver
½ TL Curry-Gewürzmischung
1 EL getrockneter Thymian
1 EL getrockneter Oregano
1 Knoblauchzehe
1 Zweig frische glatte Petersilie

1. Die ganzen Fische entschuppen und waschen. Dann innen und außen gut trocken tupfen. Die Fischhaut auf jeder Bauchseite quer 3–4-mal leicht einschneiden. Die Fische innen und außen mit frisch gepresstem Zitronensaft beträufeln und mit Salz und frisch gemahlenem Pfeffer würzen. Für die Gewürzmarinade das Sonnenblumenöl, das Paprikapulver, das Currypulver, den Thymian und den Oregano verrühren. Die Knoblauchzehe schälen und sehr fein hacken. Die Petersilienblätter von dem Zweig zupfen und ebenfalls sehr fein hacken. Beides unter die Gewürzmarinade rühren. Die Gewürzmarinade mit frisch gemahlenem Pfeffer und etwas Salz würzen. Die Fische innen und außen mit der Gewürzmarinade bepinseln und in eine Schüssel legen, diese abdecken und die Fische 12 Stunden im Kühlschrank marinieren. Die restliche Gewürzmarinade kalt stellen.

2. 4 spitzige, eckige Holzstäbe mit einer Länge von mindestens 80 cm in eine Wanne mit kaltem Wasser legen und mindestens 2 Stunden wässern. Rechtzeitig einen Holzkohlegrill vorheizen und eine schwenkbare Steckerlfisch-Halterung daran befestigen. Die marinierten Fische auf die gewässerten Holzstäbe stecken. Dazu den spitzen Holzstab (bayerisch: »Steckerl«) durch das Fischmaul entlang der Mittelgräte bis zum Schwanzende stecken. Die aufgespießten Fische 30 Minuten ruhen lassen.

3. Die Steckerlfische mit der Bauchhöhle nach oben in die Halterung stecken und über der Holzkohlenglut grillen. Je nach Hitze und Größe der Fische die Halterung nach oben oder nach unten schwenken. Die Fische mehrmals drehen und wenden, sodass die Fische gleichmäßig gar werden. Zwischendurch die Haut mit der Gewürzmarinade bepinseln. Die Steckerlfische ca. 30–40 Minuten knusprig grillen. Die fertigen Steckerlfische auf je eine Lage Pergamentpapier legen. Das Pergamentpapier über dem Fisch zusammenschlagen und dann durch sanftes Drehen den Holzstab entfernen. Den Steckerlfisch im Pergamentpapier servieren.

PÜREE VON GERÖSTETEN
ZWIEBELN

FÜR 4 PERSONEN ALS BEILAGE
ZUBEREITUNG: 35–40 MINUTEN
SCHWIERIGKEIT: ✪ ✪ ✪

3 große weiße Zwiebeln
2 EL weißer Aceto balsamico
Salz
frisch gemahlener Pfeffer
Olivenöl

1. Die ungeschälten Zwiebeln auf die heiße Feuerstelle des Grills legen, so dass sie rundherum schwarz werden. Wer einen Holzkohlengrill verwendet, legt die Zwiebeln in die glühenden Kohlen. Die Zwiebeln regelmäßig drehen und wenden, bis sie weich sind. Das dauert je nach Größe etwa 20–25 Minuten.

2. Die gegarten Zwiebeln vom Grill nehmen. Die schwarz verbrannten Zwiebelschalen entfernen. Das weiche Zwiebelfruchtfleisch mit dem weißen Balsamico und 1 Schuss Olivenöl in einen Mixbecher geben und mit dem Stabmixer durchmixen. Das Zwiebelpüree mit Salz und frisch gemahlenem Pfeffer abschmecken.

3. Das Zwiebelpüree zu gegrilltem Fleisch reichen. Es passt wunderbar zu Côte de l'os (siehe Seite 40).

RELISH VON ROTEN ZWIEBELN MIT BLAUSCHIMMELKÄSE

FÜR 3 PERSONEN ALS BEILAGE
ZUBEREITUNG: 1 STUNDE
SCHWIERIGKEIT: ❶ ❷ ❸

3 große rote Zwiebeln
60 g Butter, in 3 Stücke
   à 20 g geschnitten
3 EL brauner Zucker
60 ml dunkler Aceto balsamico
50 g Blauschimmelkäse
   (z. B. Gorgonzola oder Stilton)
20 g geröstete Mandelblättchen

1. Einen Grill auf eine Temperatur von 200 °C vorheizen. Die äußere Schale der Zwiebeln entfernen. Das Zwiebelinnere mittig mit einem Kugelausstecher etwas aushöhlen, aber den Boden unberührt lassen. Die Zwiebeln mit je 1 Stück Butter, 1 EL braunem Zucker und 20 ml Balsamico füllen. Jede gefüllte Zwiebel in eine doppelte Lage Alufolie wickeln und die Päckchen dicht verschließen.

2. Die Päckchen auf den Grill legen und bei indirekter Hitze unter geschlossenem Grilldeckel 45–50 Minuten garen. Die Päckchen vom Grill nehmen (dabei prüfen, ob sie sich weich anfühlen), auffalten und etwas Blauschimmelkäse über die Zwiebeln bröseln. Vor dem Servieren mit gerösteten Mandelblättchen bestreuen.

GEGRILLTER SPARGEL MIT SAUCE HOLLANDAISE

FÜR 4 PERSONEN ALS VORSPEISE
ZUBEREITUNG: 45 MINUTEN
SCHWIERIGKEIT: ✪✪✪

FÜR DIE SAUCE HOLLANDAISE
½ Schalotte
1 Knoblauchzehe
200 ml trockener Weißwein
100 ml Weißweinessig
1 Lorbeerblatt
200 ml Wasser
5 weiße Pfefferkörner
250 g Butter
3 Eigelb
Salz

FÜR DEN SPARGEL
12 Stangen frischer weißer Spargel
Sonnenblumenöl zum Bestreichen
Salzflocken

Die trüben, weißen Bestandteile
der Butter nicht verwenden.

1. Den Grill auf eine Temperatur von 150 °C vorheizen. Die Schalotte und die Knoblauchzehe schälen und fein hacken. Die Schalotte, den Knoblauch, den Weißwein, den Weißweinessig, das Wasser, das Lorbeerblatt und die grob zerstoßenen Pfefferkörner aufkochen und auf die Hälfte einkochen. Den reduzierten Fond (auch Gastrique genannt) durch ein feines Sieb passieren und auf mindestens 50 °C abkühlen lassen. Die Gastrique bis zum Zubereiten der Sauce Hollandaise warm halten.

2. Die Butter in einem Topf schmelzen, dann beiseitestellen. Anschließend die feste Schicht an der Oberfläche mit einem Löffel abtragen und den klaren Teil der Butter in ein Schälchen abgießen – dies ist geklärte Butter.

3. Die Spargelstangen schälen und die harten Enden abschneiden. Den geschälten Spargel ganz leicht mit Sonnenblumenöl bestreichen. Auf den heißen Grill einen gusseisernen Rost auflegen. Die Spargelstangen darauf 12–15 Minuten rundum braun grillen.

4. Kurz bevor der Spargel fertig ist, die Sauce Hollandaise fertig machen: Die Eigelbe in eine Metallschlagschüssel gleiten lassen und mit 100 ml Gastrique glatt rühren. Die Schüssel auf ein heißes Wasserbad stellen und das Gemisch mit einem Schneebesen unter ständigem Rühren luftig aufschlagen und erhitzen. Das Gemisch nicht zu stark erhitzen, sonst entsteht Rührei. Die Schüssel vom Wasserbad nehmen und die schaumige Creme noch kurz weiterrühren. Dann in einem dünnen Strahl die geklärte Butter hineinfließen lassen, dabei ständig mit dem Schneebesen rühren, bis eine Emulsion entstanden ist. Die Sauce Hollandaise mit Salz abschmecken.

5. Die Spargelstangen mit Salzflocken bestreuen. Die Sauce dazu reichen.

MAKRELE MIT DILLMAYONNAISE

FÜR 4 PERSONEN ALS HAUPTSPEISE
ZUBEREITUNG: 1 STUNDE 15 MINUTEN
SCHWIERIGKEIT: ✪ ✪ ✪

FÜR DEN FISCH

4 frische ganze Makrelen
 (küchenfertig, à ca. 300 g)
¼ Salatgurke
4 Stangen grüner Spargel
4 EL Sushi-Essig
4 Scheiben Kastenweißbrot
Olivenöl zum Beträufeln
Fleur de Sel
½ Zitrone
frisch gemahlener Pfeffer
¼ Bund Schnittlauch, in feine
 Röllchen geschnitten

FÜR DIE DILLMAYONNAISE

2 gehäufte EL Mayonnaise
2 gehäufte EL Crème fraîche
1 EL flüssiger Honig
½ unbehandelte Zitrone
½ Bund Dill, fein gehackt
Salz
frisch gemahlener Pfeffer

1. 1 Handvoll Räucherchips (z. B. aus Buchenholz) 15 Minuten in Wasser einweichen. Ein Räucherrohr mit den eingeweichten Räucherchips füllen. Zwei der Gasflammen des Grills auf höchste Stufe stellen. Darauf eine Aluschale mit Wasser sowie das Räucherrohr stellen. Sobald sich Rauch und Dampf entwickeln, die Makrelen auf die indirekte Hitze des Grills legen. Den Grilldeckel schließen. Die Flammen so niedrig einstellen, dass die Temperatur so gering wie möglich bleibt, aber sich trotzdem genug Rauch und Dampf entwickeln. Die Makrelen 23–30 Minuten gar grillen.

2. Mit einem Sparschäler lange Streifen von der Salatgurke und den rohen Spargelstangen schälen. Die Gemüsestreifen in eine Schüssel legen, mit dem Sushi-Essig beträufeln und 15 Minuten marinieren.

3. In der Zwischenzeit die Dillmayonnaise zubereiten: Die Mayonnaise, die Crème fraîche und den Honig in eine Schüssel geben. Die Schale der Zitrone fein reiben und den Saft auspressen. Den Abrieb und den Saft in die Mayonnaise geben und gut verrühren. Den Dill fein hacken und unterrühren. Die Dillmayonnaise mit Salz und frisch gemahlenem Pfeffer abschmecken.

4. Die Gurkenstreifen längs halbieren und zu Röllchen aufrollen. Die Weißbrotscheiben mit Olivenöl beträufeln und mit Fleur de Sel bestreuen. Das Brot auf der mittleren Hitzezone des Grills 4–6 Minuten knusprig rösten.

5. Die Makrelen filetieren, dazu vorsichtig die Haut abziehen und die Makrelenfilets von den Gräten lösen. Die Filets in die einzelnen Segmente zerpflücken. Die gerösteten Brotscheiben mit der Dillmayonnaise bestreichen und mit den Makrelenfiletstücken belegen. Den Fisch mit frisch gepresstem Zitronensaft beträufeln und mit frisch gemahlenem Pfeffer und Fleur de Sel bestreuen. In die Zwischenräume Spargelstreifen und Gurkenröllchen geben und mit den Schnittlauchröllchen garnieren.

CÔTE DE L'OS

FÜR 4 PERSONEN ALS HAUPTSPEISE
ZUBEREITUNG: 2,5–3 STUNDEN
SCHWIERIGKEIT: ✪✪✩

4 große vorwiegend festkochende
   Kartoffeln
etwas Olivenöl
frisch gemahlener Pfeffer
grobes Meersalz für die Kartoffeln
3 große Zwiebeln
2 EL weißer Aceto balsamico
200 g Bauchspeck, gewürfelt
feines Salz zum Abschmecken
250 g saure Sahne
   (am besten stichfest)
½ Bund Schnittlauch, in feine
   Röllchen geschnitten
½ unbehandelte Zitrone
2 Stück Côte de Bœuf à ca. 600 g
   (dickes Rinderkotelett, hohe Rippe
   vom Rind)

Eine Methode, die sich für ein dickes Stück Rindfleisch hervorragend eignet, ist das sogenannte »Reverse Grilling« (»rückwärts grillen«): Ohne direkte Hitzeeinwirkung bei niedriger Temperatur beginnen und erst gegen Ende bei sehr hoher Temperatur direkt grillen – sehr kurz und sehr heiß.

1. Mit einer Gabel einige Löcher in die gewaschenen, ungeschälten Kartoffeln stechen. Die Kartoffeln mit Olivenöl beträufeln und mit Pfeffer und Meersalz bestreuen. Die Kartoffeln auf dem Grill bei mittlerer Hitze indirekt garen. Das dauert 1,5–2 Stunden, manchmal sogar länger.

2. Die Zwiebeln rösten wie im Rezept »Püree von gerösteten Zwiebeln« (siehe Seite 34) beschrieben. Dann die schwarz verbrannten Schalen der gegrillten Zwiebeln entfernen. Das weiche Zwiebelfruchtfleisch mit dem weißen Balsamico und 1 Schuss Olivenöl gut durchmixen. Das Zwiebelpüree mit Salz und frisch gemahlenem Pfeffer abschmecken.

3. Die Speckwürfel in einer Pfanne auf dem Grillrost oder auf der Seitenfläche eines Gasherds auslassen. Das Fett abgießen und die Speckwürfel mit der sauren Sahne und dem Schnittlauch vermengen. Von der Zitronenschale feine Zesten abreiben und zu dem Speck-Sauerrahm geben. Dann mit frisch gepresstem Zitronensaft, frisch gemahlenem Pfeffer und feinem Salz abschmecken. Den Speck-Sauerrahm bis zum Servieren kühl stellen.

4. Die Rinderkoteletts in der Zone indirekter Hitzeeinwirkung langsam garen, bis sie eine Kerntemperatur von 50 °C– 52 °C erreicht haben (wer »rotes« Fleisch mag, kann auch eine etwas niedrigere Temperatur wählen). Die Temperatur im Grill beträgt dafür idealerweise 100 °C–120 °C. Das Fleisch vom Grill nehmen, mit einigen Lagen Alufolie bedecken und auf diese Weise warmhalten. (Achtung: Das Fleisch nur bedecken, nicht einpacken!) Den Grill bis zur Marke »Maximum« erhitzen. Die Koteletts von allen Seiten einige Minuten scharf grillen. Die »Sizzle Zone« ist dafür besonders gut geeignet. Das Fleisch 10 Minuten ruhen lassen, dann in Tranchen schneiden. Mit Salz und frisch gemahlenem Pfeffer würzen.

5. Die gegarten Grillkartoffeln bis zur Hälfte durchschneiden und leicht auseinanderklappen. Den Speck-Sauerrahm in die heißen Kartoffeln füllen. Das geröstete Zwiebelpüree dazu reichen.

WILDKANINCHEN-
SCHMORTOPF

FÜR 4 PERSONEN ALS HAUPTSPEISE
ZUBEREITUNG: 3 STUNDEN 30 MINUTEN
SCHWIERIGKEIT: ❶ ❍ ❍

1 kg Wildkaninchen
   (Schulter und Keulen)
frisch gemahlener Pfeffer
Salz
neutrales Pflanzenöl
2 Zwiebeln, geschält
1 Karotte, geschält
1 Stange Lauch, geputzt
125 g geräucherter Bauchspeck,
   gewürfelt
50 ml Hühnerbrühe
1 Dose passierte Tomaten (400 g)
1 ½ Flaschen Bockbier
   (gesamt 500 ml)
1 Schuss Rotweinessig
5 Gewürznelken
3 Lorbeerblätter
3 Zweige Thymian
1 Zweig Rosmarin
4 frische Tomaten
250 g frische braune Champignons,
   halbiert
2 EL Maisstärke oder 2 Printen zum
   Binden der Sauce

1. Den Grill auf eine Temperatur von 250 °C heizen, dabei den gusseisernen Rost mindestens 10 Minuten erhitzen. Das Kaninchenfleisch mit reichlich Pfeffer und Salz würzen, dann rundherum scharf angrillen, bis es eine schöne Karamellfarbe annimmt. (Wenn möglich, während des Grillvorgangs Räucherchips auf die glühenden Kohlen werfen oder in einem kleinen Räucherbehälter auf dem Gasgrill platzieren.) Das Kaninchenfleisch vom Grill nehmen, von den Knochen lösen und beiseitestellen.

2. Die Zwiebeln, die Karotte und den Lauch in grobe Stücke schneiden. Auf dem Herd in der Küche die Hühnerbrühe erhitzen. Einen »Dutch Oven« (verschließbarer Feuertopf aus Gusseisen) auf den Grillrost stellen und erhitzen. Etwas Pflanzenöl in den Topf geben. Die Speckwürfel zugeben und auslassen. Nach 1 Minute die Zwiebeln hinzufügen. 2 Minuten später das Kaninchenfleisch, die Karotte und den Lauch hinzufügen, die passierten Tomaten unterrühren und gut verrühren. Die heiße Hühnerbrühe hinzufügen und alles mit Bockbier auffüllen, bis der Topfinhalt vollständig mit Flüssigkeit bedeckt ist. 1 Schuss Rotweinessig, die Gewürznelken und die Kräuter hinzufügen. Den »Dutch Oven« mit einem Deckel verschließen und den Eintopf unter geschlossenem Grilldeckel sanft köcheln lassen. Nach 1 Stunde Garzeit die grob geschnittenen Tomaten in den Schmortopf geben.

3. Die Temperatur des Grills in der Folgezeit zwischen 90 °C und 100 °C halten. Nach 3 Stunden ist der Schmortopf gar. Die braunen Champignons zugeben und den Schmortopf weitere 10 Minuten garen. Anschließend mit Salz und frisch gemahlenem Pfeffer abschmecken. Die Maisstärke mit etwas kaltem Wasser glatt rühren und die Sauce damit binden. Alternativ können auch zwei fein gehackte Printen untergerührt werden.

KANINCHENKEULEN MIT KRIEK-BIER

FÜR 4 PERSONEN ALS HAUPTSPEISE
ZUBEREITUNG: 1 STUNDE 15 MINUTEN
SCHWIERIGKEIT: ✪ ✪ ✪

2 Knoblauchzehen, geschält
1 Stück frischer Ingwer (ca. 1 cm),
  geschält
½ rote Peperoni, von den Samen
  befreit
1 Stängel frisches Zitronengras
neutrales Pflanzenöl
1 Flasche Kriek-Bier (750 ml,
  belgisches Kirschbier)
125 ml Sojasauce
100 ml Ketjap Manis (süße Sojasauce)
200 g Palmzucker
100 g Ingwersirup
100 g eingelegte Amarena-Kirschen
8 Kaninchenkeulen (à ca. 280 g)

1. Den Knoblauch, den Ingwer, die Peperoni und das Zitronengras in Stücke schneiden und alles zusammen in etwas Pflanzenöl leicht anbraten. Dann das Kriek-Bier, die Sojasauce, das Ketjap Manis, den Palmzucker, den Ingwersirup und die feingehackten Amarena-Kirschen hinzufügen. Das Gemisch ca. 15 Minuten lang sanft zu einer sirupartigen Melasse einkochen.

2. Den Grill auf eine Temperatur von 220 °C erhitzen. Die Kaninchenkeulen rundherum rasch schön braun grillen und anschließend mit der Marinade bestreichen. Die Kaninchenkeulen bei indirekter Hitze auf einer Temperatur von 150 °C 45 Minuten garen. Die Kaninchenkeulen alle 15 Minuten erneut mit der Marinade bestreichen. Die garen Kaninchenkeulen sofort servieren.

SCHWEINEHOCHRIPPE MIT TRÜFFEL

FÜR 4 PERSONEN ALS HAUPTSPEISE
ZUBEREITUNG: 2,5–3 STUNDEN
GEFRIERZEIT: 2–3 STUNDEN
SCHWIERIGKEIT: ✪ ✪ ✪

FÜR DIE TRÜFFEL-CHAMPIGNON-FÜLLUNG

200 g frische braune Champignons
   (Egerlinge)
3 Knoblauchzehen
1 Schalotte
2 Zweige frischer Thymian
½ Zweig frischer Rosmarin
2 EL Olivenöl
75 g Butter
4 Scheiben frische schwarze Trüffel,
   fein gehackt (alternativ: einige
   Tropfen Trüffelöl)
200 g Doppelrahmfrischkäse
Salz
frisch gemahlener weißer Pfeffer

FÜR DAS FLEISCH

1 kg Schweinehochrippe mit
   Fettschicht (am Stück)

FÜR DEN RUB (GEWÜRZMISCHUNG)

½ EL edelsüßes Paprikapulver
1 TL Knoblauchpulver
1 TL Zwiebelpulver
1 TL Salz
1 TL frisch gemahlener weißer Pfeffer
½ TL gemahlene Gewürznelken

1. Für die Füllung die Champignons putzen und in Scheiben schneiden. Die Knoblauchzehen und die Schalotte schälen und fein hacken. Die Thymianblättchen und die Rosmarinnadeln fein hacken. Das Olivenöl und die Butter in einer Pfanne erhitzen. Den Knoblauch und die Schalotte darin kurz farblos anschwitzen, dann die Champignonscheiben, den Thymian und den Rosmarin hinzufügen. Die Champignons etwa 5 Minuten braten, ganz kurz vor Ende der Bratzeit die Trüffelscheiben dazugeben. Den Pfanneninhalt auf ein Schneidebrett geben, in sehr kleine Stücke schneiden, in eine Schüssel geben und mit dem Frischkäse vermengen. Diese Trüffel-Champignon-Füllung mit Salz und Pfeffer würzen. Die Füllung mittig auf 1 Lage Frischhaltefolie geben. Die langen Enden der Folie hochklappen und alles zu einer Rolle mit einem Durchmesser von 3–4 cm formen. Die kurzen Enden straff verschließen, sodass ein kompaktes Bonbon entsteht, und in Alufolie wickeln. Erneut straff verschließen. Die Folienrolle einige Stunden gefrieren.

2. Einen Grill auf eine Temperatur von 150 °C erhitzen. Die Fettschicht kreuzförmig einschneiden. Mit einem scharfen Messer eine Tasche in die Mitte des Fleischs schneiden, aber das Fleisch nicht durchschneiden. Die gefrorene Füllung in die Fleischtasche geben. Die Tasche zusammendrücken und mit Holzstäbchen verschließen.

3. Für die Gewürzmischung alle Zutaten vermengen. Das Fleisch von allen Seiten mit dem Rub einreiben. Die gefüllte Schweinehochrippe in die Mitte des Grills legen. In die Mitte des Fleischs (an der dicksten Stelle) ein Fleischthermometer stecken. Das Fleisch bei indirekter Hitze (150 °C) unter geschlossenem Grilldeckel garen, bis es eine Kerntemperatur von 62 °C erreicht hat. Das Fleisch anschließend 15 Minuten ruhen lassen. Dann zwischen den Rippenknochen hindurch in dünne Scheiben schneiden und servieren.

COQ AU VIN

FÜR 4 PERSONEN ALS HAUPTSPEISE
ZUBEREITUNG: 1 STUNDE 45 MINUTEN
MARINIEREN: 12 STUNDEN
SCHWIERIGKEIT: ❷❷✪

1 küchenfertiges Freilandhuhn
  vom Bauernhof (etwa 1,5 kg)
½ Bund Thymian
½ Bund Rosmarin
4 Lorbeerblätter
200 g Frühstücksspeck, in feine
  Scheiben geschnitten
3 Schalotten, geschält
3 Knoblauchzehen, geschält
750 ml trockener Rotwein
1 EL edelsüßes Paprikapulver
½ EL Curry-Gewürzmischung
1 EL Zucker
250 g kleine ungeschälte
  Grenaille-Kartoffeln, vorgegart
100 g frische Champignons
Olivenöl
Salz
frisch gemahlener Pfeffer

1. Das Hähnchen waschen, trocknen und in eine große Form legen. Die Thymianzweige, die Rosmarinzweige, die Lorbeerblätter, die fein gewürfelten Schalotten und die in Scheiben geschnittenen Knoblauchzehen dazugeben. Den Rotwein darübergießen. Das Hähnchen soll vollständig mit dem Wein bedeckt sein. Die Form mit einem Deckel verschließen und über Nacht in den Kühlschrank stellen.

2. Am nächsten Tag das Hähnchen aus der Marinade nehmen. Die Hälfte der Marinade in eine Weißblechdose füllen, zum Beispiel eine Bierdose.

3. Den Grill rechtzeitig auf eine Temperatur von 180 °C erhitzen. Das Paprikapulver, die Curry-Gewürzmischung, den Zucker und 1 Prise Salz vermengen und das Hähnchen damit einreiben. Das Hähnchen rundherum mit den Frühstücksspeck-Scheiben umwickeln und anschließend mit der Öffnung über die Dose stellen. Das Hähnchen mit der Dose auf den Grill stellen und das Hähnchen bei indirekter Hitze unter geschlossenem Grilldeckel 70–75 Minuten garen. Dann vom Grill nehmen.

4. Die vorgegarten Grenaille-Kartoffeln auf den Grill legen und rundherum rösten, anschließend salzen. Das gare Hähnchen von der Dose nehmen und 10 Minuten in einer Aluminiumschale ruhen lassen. Die Weinsauce mit Salz und frisch gemahlenem Pfeffer abschmecken. Während das Fleisch ruht, die Champignons halbieren, mit Olivenöl beträufeln und 5 Minuten bei einer Temperatur von 200 °C grillen. Mit frisch gemahlenem Pfeffer und Salz würzen. Das Hähnchen tranchieren und mit den gegrillten Grenaille-Kartoffeln, den gegrillten Champignons und etwas Weinsauce servieren.

GEGRILLTE GARNELEN in BISQUE

FÜR 4 PERSONEN ALS VORSPEISE
ZUBEREITUNG: 2,5 STUNDEN
SCHWIERIGKEIT: ✪✪✪

1,5 kg große, ganze Riesengarnelen
1 Schuss Pernod
1 Schuss Cognac
1 Schuss Noilly Prat
1 Karotte
½ Knollensellerie
1 Zwiebel
1 Stange Lauch
1 Knolle Fenchel
5 Tomaten
1 Msp. Curry-Gewürzmischung
1 Msp. edelsüßes Paprikapulver
2 Zweige Thymian
10 Pfefferkörner
10 Koriandersamen
frisch gemahlener Pfeffer
Salz
100 ml flüssige Sahne
Olivenöl

1. Den Grill auf 180 °C erhitzen. Die Köpfe der Garnelen mit einer halben Drehbewegung abziehen. Dann die Schalen mit den Fingern von der Unterseite her ablösen, dabei das letzte Schwanzglied mit der Schwanzspitze belassen. Den Darm entfernen. Die Garnelenschwänze unter fließenden kaltem Wasser säubern, gut trocken tupfen und beiseitestellen. Die Garnelenköpfe und Schalenanteile ebenfalls säubern und trocknen.

2. Die Karotte, den Sellerie und die Zwiebel schälen und in grobe Stücke schneiden. Den Lauch und den Fenchel putzen und ebenfalls in grobe Stücke schneiden. Die Tomaten vom Stielansatz befreien und grob schneiden.

3. Die Garnelenköpfe und Garnelenschalen auf ein Grillgitter legen und auf dem vorheizten Grill rösten. Eine große Pfanne auf dem Grill erhitzen. Das vorbereitete Gemüse dazugeben und anrösten. Die Curry-Gewürzmischung und das Paprikapulver darüberstäuben. Das Gemüse mit je 1 Schuss Pernod, Cognac und Noilly Prat ablöschen. Die Flüssigkeit zur Hälfte einkochen. Die gerösteten Garnelenköpfe und die gerösteten Garnelenschalen zugeben. Die Thymianzweige, die Pfefferkörner und die Koriandersamen hinzufügen und alles mit Wasser bedecken. Den Sud auf dem Grill 1,5 Stunden bei einer Temperatur von 120 °C sanft köcheln lassen. Die Bisque nach der Kochzeit durch ein Sieb passieren. Eventuell noch ein wenig reduzieren, um die Geschmacksintensität zu erhöhen. Die Bisque vom Grill nehmen. Die Sahne in die Bisque rühren und die Bisque mit frisch gemahlenem Pfeffer und Salz abschmecken.

4. Die Grilltemperatur auf 220 °C erhöhen. Die vorbereiteten Garnelenschwänze mit etwas Olivenöl bepinseln und bei 220 °C auf beiden Seiten 90 Sekunden grillen. Mit frisch gemahlenem Pfeffer und Salz würzen. Die gegrillten Garnelenschwänze in die Bisque geben und servieren. Dazu Toast und Sauce Rouille – eine sämige Knoblauchsauce – reichen.

RATATOUILLE

FÜR 4 PERSONEN ALS BEILAGE
ZUBEREITUNG: 45–60 MINUTEN
SCHWIERIGKEIT: ✪✪✩

1 gelbe Paprikaschote
1 grüne Paprikaschote
½ Aubergine
1 Zwiebel
2 Tomaten
2 Knoblauchzehen
2 Zweige Basilikum
2 Zweige Thymian
1 EL Rotweinessig
1 Zucchini
Olivenöl
Salz
frisch gemahlener Pfeffer

1. Den Grill auf eine Temperatur von 200 °C erhitzen. Die gelbe sowie die grüne Paprikaschote direkt in die Kohlen legen, bis die Schale beginnt, schwarz zu werden. Die Paprikaschoten dabei alle paar Minuten wenden. Die geschwärzten Paprikaschoten herausnehmen und abkühlen lassen.

2. Die Aubergine in etwa 1 cm dicke Scheiben schneiden und diese mit Salz bestreuen. Nach 5 Minuten die abgegebene Flüssigkeit mit Küchenpapier abtupfen. Die Zwiebel schälen und in etwa 5 mm dicke Ringe schneiden. Die Auberginenscheiben und die Zwiebelringe mit etwas Olivenöl bepinseln. Diese 8–10 Minuten bei einer Temperatur von 200 °C rösten. Dann vom Grill nehmen, in Würfel schneiden und in eine große Schüssel geben.

3. Die schwarz verbrannte Haut von den Paprikaschoten abziehen. Die Kerne herausnehmen und das Fruchtfleisch in Würfel schneiden. Die Paprikawürfel in die Schüssel zu den Auberginen und Zwiebeln geben. Die Tomaten in kleine Würfel schneiden und zu dem Gemüse in der Schüssel geben. Die Knoblauchzehen schälen, sehr fein hacken und über das Ratatouille geben. Die Basilikumblätter und die Thymianblättchen klein hacken. Die Kräuter zu dem Gemüse geben. Das Ratatouille vorsichtig vermischen und mit frisch gemahlenem Pfeffer, Salz und Rotweinessig abschmecken.

4. Die Zucchini längs in 2–3 mm dünne Scheiben schneiden und salzen. Nach 5 Minuten die ausgetretene Flüssigkeit abtupfen. Die Zucchinistreifen mit Olivenöl bestreichen, auf den heißen Grillrost legen und bei hoher Hitze grillen. Nach ca. 2 Minuten die Zucchinistreifen vom Grillrost lösen, um 45 Grad drehen und auf derselben Seite erneut grillen. (So entsteht ein dekoratives Rautenmuster.) Die Zucchinistreifen nicht wenden, sondern sofort vom Grill nehmen. Jeden gegrillten Zucchinistreifen mit dem Rautenmuster nach außen zu einem Zylinder aufrollen. Die Enden mit einem kleinen Holzspieß fixieren. Diese Zylinder mit der Öffnung nach oben in eine Aluminiumschale stellen. Das Ratatouille einfüllen. Vor dem Servieren kurz bei einer Temperatur von 150 °C–180 °C erhitzen.

TARTE TATIN

FÜR 6 PERSONEN ALS NACHSPEISE
ZUBEREITUNG: 1 STUNDE 15 MINUTEN
RUHEZEIT: 1 STUNDE
SCHWIERIGKEIT: ✪✪✪

FÜR DEN TEIG

100 g Weizenmehl Type 405
100 g kalte Butter
75 g Zucker
1 Prise Salz
3 EL Wasser

FÜR DEN BELAG

6 süße Äpfel mit festem Fruchtfleisch
1 Zitrone
25 g Butter
75 g Zucker
1 Vanilleschote
weiche Butter zum Einfetten der Form

1. Einen Smoker-Grill auf 120 °C erhitzen. 1 Handvoll Räucherchips (Apfelbaumholz) in Wasser einweichen. Für den Teig das Weizenmehl, die kalte Butter, den Zucker, das Salz und das Wasser rasch zu einem Mürbteig verkneten. Aus dem Teig eine Kugel formen, diese in Frischhaltefolie wickeln und 1 Stunde lang im Kühlschrank ruhen lassen.

2. Die Äpfel schälen, halbieren und entkernen. Die halbierten Äpfel in etwa 1,5 cm dicke Spalten schneiden und diese mit Zitronensaft beträufeln. Die Apfelspalten nebeneinander auf einen Grillkorb legen.

3. Die eingeweichten Räucherchips auf der Glut verteilen. Die Apfelspalten 5 Minuten im geschlossenen Smoker-Grill räuchern. Den Grill auf 210 °C erhitzen. Eine runde Tarteform oder ein »Skillet« großzügig mit Butter einfetten. Die geräucherten Apfelspalten dicht rosettenförmig einschichten.

4. Für die Karamellsauce 25 g Butter in einen Topf geben und auf dem Grill (Seitenfläche) langsam zum Schmelzen bringen. Den Zucker hinzufügen und bei niedriger Flamme karamellisieren lassen. Die Vanilleschote längs aufschlitzen und das Mark herauskratzen. Das Vanillemark zu der Karamellsauce geben und gut verrühren. Die heiße Karamellsauce gleichmäßig über die Apfelspalten träufeln.

5. Den gekühlten Teig zu einem Kreis ausrollen, der etwas größer als die Tarteform bzw. der »Skillet« ist. Den Teigkreis auf die gegrillten Apfelspalten legen. Die überstehenden Teigränder abschneiden. Den Teig zwischen Apfelspalten und Tarteformrand etwas nach unten drücken. Die Tarte Tatin auf dem Grill bei indirekter Hitze (210 °C) 30–35 Minuten backen. Die fertig gegrillte Tarte 10 Minuten abkühlen lassen. Einen Teller auf die Backform (oder den »Skillet«) legen, diesen vorsichtig umdrehen und die Tarte Tatin stürzen.

GERÖSTETE ROTE BETE MIT KÜRBIS

FÜR 4 PERSONEN ALS VORSPEISE ODER BEILAGE
ZUBEREITUNG: 2 STUNDEN, EINWEICHZEIT: 2 STUNDEN
SCHWIERIGKEIT: ✪✪✪

FÜR DAS PONZU-DRESSING

15 g getrocknete Shiitake-Pilze
150 ml Wasser
2 Mandarinen
150 ml Sojasauce

FÜR DAS GEMÜSE

2 rote Beten
½ Flaschenkürbis (Butternusskürbis,
  ca. 350–400 g)
Olivenöl
250 ml flüssige Sahne
4 Zweige Thymian
1 Zweig Rosmarin
2 Lorbeerblätter
frisch gemahlener Pfeffer
Salz
15 g Kürbiskerne, geröstet

1. Für das Ponzu-Dressing die getrockneten Shiitake-Pilze in 150 ml Wasser mindestens 2 Stunden einweichen. Für das Fertigstellen des Ponzu-Dressings die eingeweichten Shiitake-Pilze in ein feines Sieb gießen. Die Einweichflüssigkeit auffangen, diese mit dem Saft der Mandarinen und der Sojasauce verrühren.

2. Den Grill auf 220 °C vorheizen. Die rote Beten waschen, trocknen und ungeschält bei indirekter Hitzezufuhr unter geschlossenem Grilldeckel ca. 90 Minuten garen. Die Beten ab und zu wenden. Die Beten müssen ganz weich werden. Den ungeschälten Kürbis quer in 1 cm dicke Scheiben schneiden, die Kerne und Fasern herausschneiden. Die Kürbisscheiben mit etwas Olivenöl bepinseln. Den Kürbis auf beiden Seiten 3 Minuten grillen, anschließend noch 10–15 Minuten bei indirekter Hitze unter geschlossenem Grilldeckel weiter garen.

3. Für das Kürbispüree die Sahne mit den Thymianzweigen, dem Rosmarinzweig und den Lorbeerblättern aufkochen. Die Kräutersahne auf niedriger Temperatur etwa 30 Minuten durchziehen lassen, danach durch ein feines Sieb passieren. Den garen Kürbis samt Schale (diese kann mitgegessen werden) mit der heißen Kräutersahne in einen Mixer geben und fein pürieren, danach mit frisch gemahlenem Pfeffer und Salz abschmecken. Das Püree in einen Spritzbeutel einfüllen und warm halten.

4. Die gerösteten rote Beten noch heiß von der Schale befreien und in Stücke brechen. Die Rote-Bete-Stücke auf einem großen Servierteller verteilen und mit dem Ponzu-Dressing beträufeln. In die Zwischenräume kleine Tupfen Kürbispüree spritzen und das Gericht mit gerösteten Kürbiskernen garnieren.

LAMMKEULE
MIT SAFRAN
UND WALNÜSSEN

FÜR 4 PERSONEN ALS HAUPTSPEISE
ZUBEREITUNG: 1,5 STUNDEN
SCHWIERIGKEIT: ✪ ✪ ✪

1 Knoblauchzehe
100 g Walnusskerne
1 Zweig Thymian
1 Zweig Salbeiblätter
½ Bund glatte Petersilie
100 ml Olivenöl
Salz
frisch gemahlener schwarzer Pfeffer
1 Lammkeule (ohne Knochen, ca. 1 kg)
200 ml trockener Weißwein
200 ml Geflügelbrühe
5 Fäden Safran

1. Den Grill auf eine Temperatur von 175 °C vorheizen. Die Knoblauchzehe schälen und in Scheiben schneiden. Den Knoblauch, die Walnusskerne, die abgezupften Thymianblättchen, die Salbeiblätter und die Petersilie in einen Mixer geben. Das Olivenöl zugeben und den Mixerinhalt zu einer groben Kräuter-Walnuss-Paste mixen. Diese Paste mit Salz und frisch gemahlenem Pfeffer kräftig würzen. Die Lammkeule rundherum kräftig mit der Kräuter-Walnuss-Paste einreiben. Die Lammkeule anschließend unter gelegentlichem Wenden 30 Minuten lang grillen.

2. In der Zwischenzeit den Weißwein und die Geflügelbrühe in einen »Dutch Oven« (Feuertopf aus Gusseisen) gießen, die Safranfäden zugeben und erhitzen. Die Lammkeule in den »Dutch Oven« legen, den Deckel auflegen und das Fleisch bis zum gewünschten Garpunkt und einer Kerntemperatur von 55–65 °C garen. (Das dauert etwa 30 Minuten.) Das Fleisch dabei alle 10 Minuten wenden. Das fertig gegarte Fleisch 15 Minuten ruhen lassen, dann in dünne Scheiben schneiden und mit der Safransauce servieren. Dazu passen gegrillte Kartoffeln.

PIZZA BIANCA

FÜR 2 PERSONEN ALS HAUPTSPEISE
ZUBEREITUNG: 1,5 STUNDEN
SCHWIERIGKEIT: ✪ ✪ ✪

FÜR DEN TEIG
300 g helles Weizenmehl
4 g Trockenhefe
1 TL Zucker
200 ml Wasser
1 EL Olivenöl
1 TL Salz

FÜR DEN BELAG
¼ Kopf Blumenkohl
Olivenöl
1 Kugel Mozzarella (125 g)
2 Zweige Oregano
Salz
10 Scheiben Parmaschinken
¼ Bund Basilikum

1. Den Grill auf 200 °C vorheizen. Für den Teig das Mehl mit der Hefe und dem Zucker vermengen und in die Rührschüssel der Küchenmaschine füllen. Das Wasser und das Olivenöl zugeben und das Gemisch bei niedrigster Stufe durchkneten. Das Salz zugeben und weiterkneten, bis ein elastischer, weicher Teig entstanden ist. Den Teig bedecken und so lange gehen lassen, bis er sein Volumen verdoppelt hat. (Das dauert ca. 1 Stunde.)

2. In der Zwischenzeit den Blumenkohl in Scheiben schneiden und leicht mit Olivenöl bestreichen. Anschließend 8 Minuten lang grillen, bis die Scheiben goldbraun und weich sind. Den Blumenkohl vom Grill nehmen und abkühlen lassen. Die Temperatur des Grills auf 250 °C–280 °C erhöhen. Einen Pizzastein darauf erhitzen. Den gegrillten Blumenkohl pürieren. Den Mozzarella klein würfeln und die Blättchen von den Oreganozweigen zupfen. Beides mit dem Blumenkohlpüree zu einer weißen Sauce vermischen. Diese mit Salz abschmecken.

3. Den Teig in 2 gleich große Portionen teilen. Jede Teigportion zu einem ganz dünnen Kreis ausrollen. Die Sauce auf den Pizzaböden verstreichen. Die Pizzen nacheinander auf dem heißen Stein jeweils 6–8 Minuten backen. Die Pizza vom Stein nehmen, den Parmaschinken darauflegen und mit ein paar Blättern Basilikum garnieren. Dann sofort servieren.

»VITELLO TONNATO 2.0«

FÜR 6 PERSONEN ALS VORSPEISE
ZUBEREITUNG: 1,5 STUNDEN
SCHWIERIGKEIT: ✪✪✪

FÜR DAS FLEISCH

1 kg Kalbfleisch aus der Hüfte (Schluss-
   braten, ersatzweise Kalbsnuss)
etwas gemahlener Piment
500 g frischer Thunfisch
Olivenöl
100 g gemischte Sesamsaat
Salzflocken

FÜR DIE THUNFISCH-MAYONNAISE

2 Dosen Thunfischfilets (à 160 g)
5 Anchovis-Filets, abgetropft
Saft von ½ Zitrone
4 EL Kapern
200 g Mayonnaise
frisch gemahlener Pfeffer
Salz

FÜR DIE TOMATEN

250 g gelbe und rote Kirschtomaten
100 ml heller Sushi-Essig
¼ frische rote Chilischote
1 Scheibe frischer Ingwer

FÜR DIE WASABI-MAYONNAISE

25–30 g Wasabi-Paste (aus der Tube)
6–7 EL Mayonnaise

ZUM GARNIEREN

Borretsch-Kresse, Affila-Kresse
8 Kapernäpfel

1. Den Grill auf 100 °C erhitzen. Einen Rost aus rostfreiem Stahl auflegen. Das Kalbfleisch mit etwas gemahlenem Piment einreiben, dann 50–60 Minuten unter geschlossenem Grilldeckel garen, bis es eine Kerntemperatur von 52 °C erreicht hat.

2. In der Zwischenzeit für die Thunfisch-Mayonnaise den Inhalt der beiden Thunfischdosen in einen Standmixer geben. Die Anchovis-Filets, den Zitronensaft, die Kapern und die Mayonnaise zugeben. Alles mit der Intervall-Funktion kurz durchmixen. Die grob gemixte Thunfischmayonnaise mit frisch gemahlenem Pfeffer und Salz abschmecken.

3. Die Kirschtomaten halbieren oder je nach Größe vierteln. Den Sushi-Essig mit der klein geschnittenen Chilischote und dem Ingwer verrühren, dann über die Tomaten gießen und marinieren lassen. Für die Wasabi-Mayonnaise die Wasabi-Paste mit der Mayonnaise verrühren und in einen Kunststoff-Spritzbeutel füllen.

4. Das Kalbfleisch vom Grill nehmen und ruhen lassen. Den Grill auf höchste Temperatur erhitzen. Das Kalbfleisch in hauchdünne Scheiben schneiden und auf einer Servierplatte oder auf großen Tellern rosettenförmig anrichten. Die Thunfisch-Mayonnaise in Tropfen auf die Kalbfleischscheiben spritzen. Den Thunfisch in Balken von 4 cm Kantenlänge schneiden. Diese Thunfischbalken auf einem sehr heißen Rost rundherum kurz und scharf grillen. (Der Thunfisch darf nicht durchgebraten werden, er bleibt roh.) Den scharf angegrillten Thunfisch vom Grill nehmen, rundherum mit Olivenöl bepinseln und in reichlich Sesamsamen wälzen. Den Thunfisch quer in dünne Scheiben schneiden und mit Salzflocken bestreuen.

5. Die Thunfischscheiben auf den Kalbfleischscheiben verteilen und kleine Tupfen Wasabi-Mayonnaise daraufspritzen. In die Zwischenräume die halbierten Kapernäpfel und die abgetropften, marinierten Kirschtomaten geben. Zum Schluss mit etwas Borretsch- und Affila-Kresse garnieren.

HÄHNCHEN
»AL MATTONE«

FÜR 4 PERSONEN ALS HAUPTSPEISE
ZUBEREITUNG: 75 MINUTEN
MARINIEREN: 4 STUNDEN
SCHWIERIGKEIT: ✪ ✪ ✪

FÜR DAS HÄHNCHEN

1 Bio-Hähnchen (ca. 1,5 kg)
Olivenöl zum Bestreichen
1 unbehandelte Zitrone
3 getrocknete rote Chilischoten,
   fein gehackt
6 frische Rosmarinnadeln, fein gehackt
½ Knolle Knoblauch
3 TL Fleur de Sel

FÜR DIE SALBEIBUTTER

125 g Butter
10 frische Salbeiblätter, fein gehackt
Salz
frisch gemahlener schwarzer Pfeffer

1. Das Hähnchen mit einer Geflügelschere entlang des Rückgrats aufschneiden und zu einem Schmetterling aufklappen. Das Hähnchen von allen Seiten großzügig mit Olivenöl bestreichen. Die Zitrone heiß waschen, trocknen, die Schale abreiben und den Saft auspressen. Den Abrieb und den Saft mit dem Chili und dem Rosmarin vermischen. Den Knoblauch schälen, fein hacken und unterrühren. Das Hähnchen rundherum mit dieser Kräuter-Knoblauch-Marinade einreiben, anschließend mit Fleur de Sel bestreuen. Das Hähnchen mindestens 4 Stunden im Kühlschrank ruhen lassen.

2. Den Grill mit einem Rost aus Gusseisen auf eine mittlere Temperatur (180 °C) aufheizen. In der Zwischenzeit einen großen Backstein in eine doppelte Lage Aluminiumfolie wickeln. Das Hähnchen aus der Marinade nehmen, flach drücken, mit der Hautseite auf den Grill legen, mit dem Backstein beschweren und 25 Minuten grillen, bis die Haut goldbraun und knusprig ist. Das Hähnchen hin und wieder »kippen«, damit möglichst die gesamte Haut gegrillt wird. Das Hähnchen dann wenden, wieder mit dem Backstein beschweren und weitere 20–25 Minuten grillen.

3. Kurz vor dem Servieren die Butter mit dem fein gehackten Salbei in einer Pfanne aufschäumen lassen. Die Salbeibutter mit Salz und frisch gemahlenem Pfeffer würzen. Das gegrillte Hähnchen auf eine Servierplatte legen, mit etwas Salbeibutter beträufeln und sofort servieren.

PORTOBELLO-BURGER

FÜR 4 PERSONEN ALS HAUPTSPEISE
ZUBEREITUNG: 60 MINUTEN
SCHWIERIGKEIT: ✪✪○

4 große Portobello-Pilze
   (große Zuchtchampignons)
3 Tomaten
1 rote Paprikaschote
Olivenöl
3 Minigurken
1 Frühlingszwiebel, geputzt
1 große rote Zwiebel, geschält
¼ frische rote Peperonischote
1 Kugel Büffelmozzarella
5 Blätter Basilikum
1 Schuss Rotweinessig
frisch gemahlener Pfeffer
Salz
100 g frisch geriebener Pecorino
4 große weiche italienische Brötchen
einige Salatblätter (Lollo rosso
   oder Lollo bianco)

1. Den Holzkohlegrill anheizen. Dabei den Deckel 15 Minuten offen lassen. Die Stiele der Portobello-Pilze entfernen. Die Portobello-Pilzkappen beiseitestellen. Die Tomaten und die Paprikaschote waschen und trocken tupfen. Die Stielansätze der Tomaten herausschneiden. Die Tomaten quer halbieren. Die Schnittflächen mit etwas Olivenöl beträufeln. Sobald der Holzkohlegrill heiß ist, die Paprikaschote zwischen die glühenden Kohlen legen und einige Male wenden, bis die Schale schwarz verbrannt ist. Die gegrillte Paprikaschote in einen Gefrierbeutel füllen. Die gegrillten Paprikas 15 Minuten ruhen lassen. Einen Rost auf den Grill legen. Die Tomatenhälften mit der Schnittfläche nach unten darauflegen. Die Tomaten auf beiden Seiten etwa 15 Minuten bei 200 °C im geschlossenen Grill grillen.

2. In der Zwischenzeit die Gurken in dünne Scheiben schneiden. Die Frühlingszwiebel und die Zwiebel in dünne Ringe schneiden. Die Peperoni in hauchdünne Ringe aufschneiden. Den Büffelmozzarella in 8 Scheiben schneiden.

3. Die Paprikaschote aus dem Beutel nehmen und die Schale abziehen. Das Fruchtfleisch in dünne Streifen schneiden. ¾ davon in einen Mixbecher geben, das letzte Viertel beiseitelegen. Die Tomaten vom Grill nehmen und zu der Paprika in den Mixbecher geben. Die Basilikumblätter und 1 Schuss Rotweinessig hinzufügen. Alles mit einem Stabmixer pürieren. Diese Salsa mit frisch gemahlenem Pfeffer und Salz würzen.

4. Die Portobello-Pilzkappen mit etwas Olivenöl beträufeln und auf den Grillrost legen. Bei einer Temperatur von 200 °C zuerst 2 Minuten mit den Lamellen nach oben grillen, anschließend wenden und weitere 3 Minuten grillen. Die Pilze leicht salzen. Die Pilze abermals wenden und die Kappen mit der Salsa füllen, anschließend jeweils 2 Scheiben Mozzarella darauflegen. Den Grilldeckel schließen. Nach 2 Minuten etwas geriebenen Pecorino auf die Pilze streuen. Den Deckel erneut schließen und warten, bis der Käse geschmolzen ist. Die Pilze vom Grill nehmen. Die halbierten Brötchen mit den Schnittflächen nach unten kurz auf den Grill legen. Die Brötchen vom Grill nehmen. 4 Brötchenhälften mit Salatblättern, den übrigen Paprikastreifen, den Gurkenscheiben und mit roten Zwiebelringen belegen. Die gefüllten Portobello-Pilze daraufsetzen. Dann mit Frühlingszwiebelringen und Peperoniringen garnieren. Darauf je die zweite Brötchenhälfte legen.

BISTECCA
MIT AUBERGINEN

FÜR 4 PERSONEN ALS HAUPTSPEISE
ZUBEREITUNG: 1,5 STUNDEN
SCHWIERIGKEIT: ✪ ✪ ✪

FÜR DIE AUBERGINEN-PARMIGIANA

½ Zwiebel
1 Knoblauchzehe
Olivenöl
1 Zweig Basilikum
1 Zweig Oregano
200 g frische Tomaten
½ EL Tomatenmark
1 große Aubergine
Salz
frisch gemahlener Pfeffer
30 g frisch geriebener Parmesan

FÜR DAS FLEISCH

2 T-Bone-Steaks (à 700–800 g,
    ca. 3,5 cm dick)
frisch gemahlener Pfeffer
Salz
Olivenöl zum Beträufeln
etwas frisch gepresster Zitronensaft

1. Den Grill auf 200 °C vorheizen. Die Zwiebel und die Knoblauchzehe schälen und fein hacken. Die Blätter von dem Basilikumzweig zupfen und beiseitestellen. Den Basilikumstiel klein schneiden. Die Oreganoblättchen vom Zweig streifen. Den Stielansatz aus den Tomaten schneiden. Die Tomaten in kleine Würfel schneiden. 1 Schuss Olivenöl in einer Pfanne erhitzen. Die Zwiebel darin 2 Minuten farblos anschwitzen. Den Knoblauch, den geschnittenen Basilikumstiel und die Oreganoblättchen zugeben und alles weitere 2 Minuten anschwitzen. Dann das Tomatenmark hineinrühren und 2 Minuten anrösten. Die Tomatenwürfel zugeben und alles 15 Minuten zu einer Tomatensauce köcheln. Die ungeschälte Aubergine quer in 1 cm dicke Scheiben schneiden. Diese rundherum mit Olivenöl bestreichen. Die Auberginenscheiben auf einem (gusseisernen) Rost von beiden Seiten grillen, bis sie goldbraun und gar sind. Die gegrillten Auberginenscheiben vom Grill nehmen und leicht salzen. Die Tomatensauce mit Salz, frisch gemahlenem Pfeffer und den grob gezupften Basilikumblättern vermengen.

2. Auf einem Pizzastein 4 kleine Auberginentürme errichten. Dazu 4 Auberginenscheiben auf den Pizzastein legen. Auf jede Scheibe etwas Tomatensauce geben und diese mit ein wenig frisch geriebenem Parmesan bestreuen. Dann wieder eine Auberginenscheibe darauflegen. Diesen Vorgang 2-mal wiederholen. Mit einer ordentlichen Portion Sauce und etwas Parmesankäse abschließen. Den Pizzastein auf den heißen Grill setzen und die Auberginen-Parmigiana bei 200 °C 12–15 Minuten grillen. Dann auf dem Pizzastein vom Grill nehmen und beiseitestellen. Die Temperatur auf 220–240 °C erhöhen und einen gusseisernen Rost erhitzen.

3. Die Rindersteaks mit Pfeffer einreiben, dann auf beiden Seiten jeweils 4–6 Minuten scharf grillen. Anschließend mit Salz bestreuen und mit Olivenöl und Zitronensaft beträufeln. Die Steaks lose mit Aluminiumfolie bedecken (nicht einwickeln) und 10 Minuten an der Seite ruhen lassen. Die Bistecca alla Fiorentina in dünne Scheiben schneiden. Mit der Auberginen-Parmigiana servieren.

AIOLI
VON GERÖSTETEM KNOBLAUCH

FÜR 4–6 PERSONEN ALS BEILAGE
ZUBEREITUNG: 60–70 MINUTEN
SCHWIERIGKEIT: ✪ ✪ ✪

1 Knolle Knoblauch
1 Eigelb
1 EL Weißweinessig
1 TL scharfer Senf
250 ml Sonnenblumenöl
Salz

1. Den Grill auf eine Temperatur von 160 °C erhitzen. Die ganze Knoblauchknolle auf den Grill legen und 45–60 Minuten rösten, bis die Knoblauchzehen weich sind. Die weich gegarten Knoblauchzehen aus der Schale drücken.

2. Das Eigelb mit dem Weißweinessig und dem Senf in einen hohen Mix-becher geben und mit dem Stabmixer kurz durchmixen. Die weichen Knoblauchzehen zugeben und erneut aufmixen, dabei das Sonnenblumenöl in einem dünnen Strahl einlaufen lassen. Die Creme so lange mixen, bis eine gebundene Mayonnaise entstanden ist. Die Aioli mit Salz abschmecken. Die Aioli passt zu geröstetem Brot oder zu gegrillten Garnelen.

GAZPACHO

AUS GRILL-GEMÜSE

FÜR 4–6 PERSONEN ALS VORSPEISE
ZUBEREITUNG: 75 MINUTEN
KÜHLZEIT: MINDESTENS 4 STUNDEN
SCHWIERIGKEIT: ✪✪✪

2 kleine rote Zwiebeln
2 rote Paprikaschoten
1 Knolle Knoblauch
100–150 ml spanisches Olivenöl
10 frische Tomaten
10 Blätter Basilikum
½ frische rote Chilischote
4 EL Rotweinessig
frisch gemahlener Pfeffer
Meersalz

1. Einen Holzkohlegrill vorheizen. Die ungeschälten roten Zwiebeln und die roten Paprikaschoten direkt in die glühenden Kohlen legen. Das Gemüse regelmäßig wenden, sodass es rundum schwarz wird. Die Paprikaschoten sind nach etwa 5 Minuten, die Zwiebeln nach 12–15 Minuten gar. Das Gemüse aus der Glut nehmen und abkühlen lassen. Die verbrannte Zwiebelhaut ablösen. Die verbrannte Haut von den Paprikaschoten abziehen, die Stielansätze und Kerne entfernen. (Das geht am einfachsten mit den Fingern.)

2. Eine Lage Alufolie zu einem kleinen Untersetzer zerknüllen. Darauf die ganze Knoblauchknolle mit dem Wurzelansatz nach unten setzen. Das obere Viertel der Knoblauchknolle abschneiden. Dann die Knoblauchknolle mit etwas Olivenöl beträufeln. Die Knoblauchknolle auf dem Alu-Untersetzer auf eine weniger heiße Stelle des Grills legen. Den Knoblauch etwa 25 Minuten goldbraun und weich rösten. Er ist gar, wenn man die Zehen leicht aus der Schale drücken kann. (Hinweis: Für dieses Rezept brauchen wir 4–5 Zehen.)

3. Den Stielansatz aus den Tomaten schneiden. Die Tomaten quer halbieren, die Schnittflächen mit etwas Olivenöl beträufeln. Die Tomaten mit den Schnittflächen nach unten auf den Grillrost legen und bei mittlerer Hitze 12–15 Minuten grillen. Die Tomaten sollten karamellisieren. Die gerösteten Zwiebeln, die geröstete Paprika, 4–5 Knoblauchzehen und die gegrillten Tomaten in einen Mixer geben. Die Chilischote in Ringe schneiden und eine beliebige Menge zugeben – je nach gewünschter Schärfe. 1 Schuss Olivenöl, die Basilikumblätter, den Rotweinessig sowie frisch gemahlenen Pfeffer und Meersalz zugeben und das Gemisch durchmixen. Die Gazpacho im Kühlschrank erkalten lassen. Vor dem Servieren nochmals mit frisch gemahlenem Pfeffer und Meersalz abschmecken.

Kurz vor dem Servieren ein paar Eiswürfel oder tiefgefrorene Salatgurkenwürfel in die Suppe geben, nochmals gut durchmixen und eiskalt servieren.

PIRI-PIRI-HÄHNCHEN

FÜR 4 PERSONEN ALS HAUPTSPEISE
ZUBEREITUNG: 30 MINUTEN
MARINIEREN: 2 STUNDEN
SCHWIERIGKEIT: ✪ ✪ ✪

---

1 großes Freilandhuhn vom Bauernhof
(1,6–1,8 kg)
2 frische rote Chilischoten
3 Knoblauchzehen
1 Zitrone
1 TL edelsüßes Paprikapulver
1 TL Ingwerpulver
100 ml Olivenöl
2 frische Lorbeerblätter
4 Zweige frischer Oregano
1 TL Meersalz

1. Das Freilandhuhn mit einem scharfen Messer in Teilstücke zerlegen: Die Keulen abtrennen, dann die Brust samt Flügel vom Brustbein lösen. Die Hähnchenteile in eine große Schüssel geben.

2. Für die Marinade die Chilischoten entkernen und in Ringe schneiden. Die Knoblauchzehen schälen und in Scheiben schneiden. Knoblauch und Chili in einen Mixer geben. Den Saft der Zitrone auspressen und dazugeben. Das Paprikapulver, das Ingwerpulver, das Olivenöl, die Lorbeerblätter, den Oregano und das Meersalz zugeben. Das Gemisch fein durchmixen. Die Hähnchenstücke in eine Schüssel geben und die Marinade darübergießen. Alles gut durchmengen und die Schüssel für mindestens 2 Stunden in den Kühlschrank stellen.

3. Den Grill auf eine Temperatur von 200 °C vorheizen. Die marinierten Hähnchenteile aus der Marinade nehmen und 15–20 Minuten grillen. Dabei alle 4 Minuten mit der Marinade bestreichen. Dazu passt ein Tomatensalat mit Zwiebeln.

GEFÜLLTE WEIN-BLÄTTER

FÜR 4 PERSONEN ALS VORSPEISE
ZUBEREITUNG: 45 MINUTEN
SCHWIERIGKEIT: ✪✪✩

12 in Salzlake eingelegte Weinblätter
50 g schwarze Oliven, entsteint
100 g Feta
100 g Frühstücksspeck, in feine
   Scheiben geschnitten
100 g Pinienhonig
50 g Pinienkerne

1. Den Grill rechtzeitig auf 200 °C erhitzen. Die Weinblätter voneinander trennen und 10 Minuten in klarem Wasser kochen. Die Weinblätter nebeneinander auf einem Geschirrtuch ausbreiten und trocken tupfen. Die Oliven fein hacken. Den Feta würfeln. Beides miteinander vermischen. Die Feta-Oliven-Füllung mittig auf die Weinblätter verteilen.

2. Von den Weinblättern erst eine breite Seite, dann die kurzen Seiten über die Füllung klappen. Das Ganze zur Blattspitze hin aufrollen, sodass die Füllung gut eingeschlossen ist. Jedes gefüllte Weinblatt in eine Speckscheibe einrollen.

3. Eine Metallbackplatte auf den vorgeheizten Grill legen. Die gefüllten Weinblätter auf der heißen Platte grillen und regelmäßig wenden. Gleichzeitig die Pinienkerne auf der Platte anrösten. Sobald der Speck knusprig ist, die Röllchen vom Grill nehmen. Die Röllchen rundherum mit dem Pinienhonig bepinseln und mit den gerösteten Pinienkernen bestreuen. Die gefüllten Weinblätter sofort servieren.

GEFÜLLTE SARDINEN

FÜR 4 PERSONEN ALS VORSPEISE
ZUBEREITUNG: 45 MINUTEN
SCHWIERIGKEIT: ✪✪✪

---

12 frische, ganze Mittelmeer-Sardinen
   (jeweils ca. 12 cm lang)
2 Tomaten
½ Zwiebel, geschält
50 g grüne Oliven, entsteint
1 Knoblauchzehe, geschält
½ Bund glatte Petersilie
3 EL frisch geriebenes Weißbrot
frisch gemahlener Pfeffer
feines Meersalz
Olivenöl
grobes Meersalz

1. Den Grill auf 200 °C erhitzen. Die Sardinen auf der Bauchseite der Länge nach aufschneiden, die Innereien herausnehmen und die Fische sorgfältig unter fließendem kalten Wasser abspülen. Die ausgenommenen Sardinen gut trocken tupfen. Wer möchte, schneidet die Rückengräten mit einer Schere heraus. (Die Fischköpfe nicht abtrennen.)

2. Die Tomaten, die Zwiebel und die Oliven fein würfeln. Die Knoblauchzehe und die Petersilie fein hacken. Alles miteinander vermengen. Dann das frisch geriebene Weißbrot hinzufügen. Diese Füllung mit frisch gemahlenem Pfeffer und Meersalz abschmecken. Die Sardinen mit der Tomaten-Oliven-Mischung füllen. Die Bauchlappen mit einem Zahnstocher fixieren. Die gefüllten Sardinen rundherum leicht mit Olivenöl bepinseln.

3. Die Sardinen auf beiden Seiten jeweils 3–4 Minuten grillen. Dann mit grobem Meersalz bestreuen.

Eine Handvoll Queller auf den Grillrost legen und die Sardinen während des Grillens darauf betten. Auf diese Weise ist es leichter, die Fische zu wenden. Außerdem schützt der feuchte Queller die Fische vor der Hitze.

LAMM-SOUVLAKI MIT WASSERMELONE UND GURKE

FÜR 4 PERSONEN ALS HAUPTSPEISE
ZUBEREITUNG: 60–70 MINUTEN
MARINIEREN: 3 STUNDEN
SCHWIERIGKEIT: ❷❷❍

FÜR DAS SOUVLAKI

600 g küchenfertige Lammlachse
    (ausgelöster Lammrücken)
100 ml Olivenöl
2 Zweige Minze
2 Zweige Oregano
1 Knoblauchzehe
1 unbehandelte Zitrone
Salz
frisch gemahlener Pfeffer

FÜR DEN GURKENDIP

1 kleine Salatgurke
Salz
100 g griechischer Joghurt
4 Zweige Minze
1 Zweig Oregano
frisch gemahlener Pfeffer
Olivenöl zum Abschmecken

FÜR DIE MELONE

½ rote Wassermelone
1 EL Aceto balsamico
etwas frisch geriebene Zitronenschale
Saft von ½ Zitrone
100 ml Olivenöl
Fleur de Sel oder Maldon-Salzflocken

1. Das Fleisch in Würfel von 2 cm Kantenlänge schneiden. Die Blätter von den Minze- und Oreganozweigen zupfen und fein hacken. Die Knoblauchzehe schälen und fein hacken. Die Zitrone heiß waschen, trocknen, die Schale abreiben und den Saft auspressen. Alles in eine Schüssel geben und mit dem Olivenöl zu einer Marinade verrühren. Die Fleischwürfel in die Marinade legen und mindestens 3 Stunden darin ruhen lassen. Die Fleischwürfel nach der Ruhezeit auf Spieße stecken und mit Salz und frisch gemahlenem Pfeffer würzen.

2. Den Grill auf eine Temperatur von 200 °C–220 °C vorheizen. Für den Gurkendip die ungeschälte Salatgurke raspeln und mit Salz bestreuen. Die gesalzenen Gurkenraspel 30 Minuten ruhen lassen, anschließend in ein Sieb geben und gut abtropfen lassen. Die Blätter von den Minze- und Oreganozweigen zupfen und fein hacken. Die Gurkenraspeln mit den gehackten Kräutern und dem griechischen Joghurt vermengen. Diesen Gurkendip mit frisch gemahlenem Pfeffer, Salz und 1 Schuss Olivenöl abschmecken.

3. Die ungeschälte Melone in 2 cm dicke Scheiben schneiden. Für die Melonenmarinade den Balsamico, etwas frisch geriebene Zitronenschale, den frisch gepressten Zitronensaft und das Olivenöl verrühren und beiseitestellen. Die Wassermelonenscheiben 8–12 Minuten auf den Grill legen. Die Lamm-Souvlaki 4–6 Minuten grillen. Die gegrillten Melonenscheiben mit der vorbereiteten Marinade bepinseln, die Schale abschneiden und das Fruchtfleisch in Würfel schneiden. Zum Abschluss mit ein wenig Fleur de Sel oder Maldon-Salzflocken bestreuen. Die Souvlaki mit der gegrillten Wassermelone und dem Gurkendip servieren.

FÜR 6–8 PERSONEN ALS NACHSPEISE
ZUBEREITUNG: 1,5–2 STUNDEN
SCHWIERIGKEIT: ✪ ✪ ✪

BAKLAVA
MIT FEIGEN UND HONIG

200 g Walnusskerne
½ TL gemahlener Zimt
6 frische Feigen
150 g flüssige Butter
1–1,5 Päckchen Filoteig (à ca. 500 g;
    Format ca. 40 cm x 60 cm)
200 g Zucker
100 ml flüssiger Honig
200 ml Wasser
2 EL Zitronensaft
nach Belieben etwas alter griechischer
    Schafskäse

1. Die Walnusskerne in einer Küchenmaschine oder mit einem Messer fein hacken, dann mit dem Zimt vermischen. Die Feigen von den Stielen befreien und in 5 mm dicke Scheiben schneiden.

2. Die Filoteigblätter so zuschneiden, dass sie großzügig den Boden einer runden Backform (ca. 24–26 cm Durchmesser) bedecken. Die so vorbereiteten Filoteigblätter aufeinander stapeln und mit einem feuchten Geschirrtuch abdecken, damit sie nicht austrocknen. Die Backform großzügig mit flüssiger Butter einfetten. Die erste Scheibe Filoteig in die Form legen und mit Butter bestreichen. Den Vorgang 9-mal wiederholen, sodass 10 Blätter Filoteig übereinander liegen. Die Hälfte der gehackten Walnüsse darüberstreuen. Erneut 5 mit Butter bestrichene Blätter Filoteig darüber schichten. Die Hälfte der Feigen darauf verteilen. Wieder 5 mit Butter bestrichene Blätter Filoteig darauf schichten. Den Rest der Walnüsse darauf verteilen. Wieder mit Butter bestrichene Blätter Filoteig darauf schichten. Die restlichen Feigen darauf verteilen. Zum Schluss 10 mit Butter bestrichene Blätter Filoteig darauflegen. Die Baklava mit einem sehr scharfen, spitzen Messer in etwa 4 cm dicke Streifen schneiden, dabei alle Teigschichten bis zum Boden durchschneiden. Die Form etwas drehen und erneute 4 cm dicke Streifen einschneiden, sodass Vierecke oder Rauten entstehen. Die Baklava auf dem Grill bei einer Temperatur von 160 °C bei indirekter Hitze unter geschlossenem Grilldeckel 75 Minuten backen.

3. In der Zwischenzeit den Zucker, den Honig, das Wasser und den Zitronensaft aufkochen und 5 Minuten lang zu einem Sirup einkochen lassen. Den Sirup abkühlen lassen. Die goldbraun gebackene Baklava vom Grill nehmen und sofort gleichmäßig mit dem Sirup beträufeln. Die Baklava in der Form abkühlen lassen. Kurz vor dem Anrichten nach Belieben etwas alten griechischen Schafskäse über die Baklava reiben. Die Baklavastücke voneinander lösen und servieren.

GULASCH

FÜR 4 PERSONEN ALS HAUPTSPEISE
ZUBEREITUNG: 2 STUNDEN 45 MINUTEN
SCHWIERIGKEIT: ✪✪✪

800 g Rindfleisch aus der Schulter (Schaufelstück), in dicke Scheiben geschnitten
3 rote Paprikaschoten
2 Zwiebeln
3 Knoblauchzehen
2 EL Weizenmehl zum Mehlieren
2 EL neutrales Pflanzenöl
1 EL edelsüßes Paprikapulver
½ TL gemahlene Kümmelsamen
1 Dose stückige Tomaten (400 g)
200 ml Rotwein
400 ml Rinderbrühe
2 Zweige Thymian
frisch gemahlener Pfeffer
Salz

1. Den Grill auf 280 °C erhitzen. Die Paprikaschoten 6 Minuten auf dem Rost grillen, bis sich die Haut schwarz verfärbt. Die Paprikaschoten vom Grill nehmen und kurz abkühlen lassen, dann die schwarz verbrannte Haut abziehen. Den Strunk und die Samen herausschneiden. Das Fruchtfleisch in Stücke schneiden.

2. Die Fleischscheiben auf beiden Seiten jeweils 2 Minuten lang auf einem sehr heißen Rost grillen. Das Fleisch vom Grill nehmen und beiseitelegen. Einen »Dutch Oven« (verschließbarer Feuertopf aus Gusseisen) auf den Grill stellen. Die Temperatur auf 120 °C reduzieren. Das angegrillte Fleisch in Stücke schneiden. Die Zwiebeln schälen und grob würfeln. Den Knoblauch schälen und klein schneiden. Die Fleischscheiben mit etwas Weizenmehl bestäuben. Das Pflanzenöl im heißen »Dutch oven« erhitzen. Die mehlierten Fleischstücke darin 5 Minuten rundherum anbraten. Anschließend die Zwiebeln, die Paprika und den Knoblauch hinzufügen und alles weitere 4 Minuten schmoren.

3. Das Paprikapulver und den Kümmel untermengen und kurz anrösten, anschließend die stückigen Tomaten hineinrühren. Dann mit dem Rotwein und der Rinderbrühe auffüllen, die Thymianzweige zugeben und aufkochen lassen. Das Gulasch zugedeckt 2 Stunden lang sanft gar schmoren, anschließend mit frisch gemahlenem Pfeffer und Salz abschmecken.

DOLMA
VON SPITZPAPRIKA UND BULGUR

FÜR 2 PERSONEN ALS HAUPTSPEISE
ZUBEREITUNG: 60 MINUTEN
SCHWIERIGKEIT: ✪✪✪

FÜR DIE BULGURFÜLLUNG

100 g Bulgur
Salz
½ Zwiebel
1 EL Olivenöl
30 g Pinienkerne
1 TL geröstete Sesamsaat
½ TL gemahlene Koriandersamen
¼ Bund glatte Petersilie
½ unbehandelte Orange
frisch gemahlener Pfeffer
2 rote Spitzpaprika

FÜR DIE JOGHURTSAUCE

200 g türkischer Joghurt
½ unbehandelte Orange
1 unbehandelte Limette
2 Zweige frische Minze
2 Zweige frischer Koriander
Salz
frisch gemahlener Pfeffer

1. Den Grill auf eine Temperatur von 150 °C vorheizen. Für die Bulgurfül-lung den Bulgur in reichlich Salzwasser nach Packungsanweisung gar kochen. Die Zwiebel schälen und fein hacken. Das Olivenöl in einer Pfanne erhitzen. Die Zwiebel darin glasig anschwitzen. Die Pinienkerne hinzufügen und hellbraun rösten. Dann den Sesam und den gemahlenen Koriander zugeben und alles gut durchrühren. Den Pfanneninhalt in eine Schüssel geben, den gegarten Bulgur dazugeben und vermischen. Die Petersilie fein hacken. Die Orangenschale fein abreiben. Die Petersilie und den Orangenabrieb unter die Füllung heben. Alles gut durchmischen, dann mit Salz und frisch gemahlenem Pfeffer würzen.

2. Die Spitzpaprikas der Länge nach aufschneiden, aber nicht halbieren. Die Samen entfernen. Die Stielansätze nicht von den Schoten schneiden. Die aufgeschnittenen Schoten vorsichtig mit der Bulgurmischung füllen. Die gefüllten Paprikas auf dem Grill bei niedriger Temperatur (150 °C) 8–10 Minuten grillen.

3. Für die Joghurtsauce den Joghurt in eine Schüssel geben. Die Orange und die Limette heiß waschen, abtrocknen, die Schale jeweils fein abreiben und den Saft auspressen. Alles in den Joghurt rühren. Die Minze- und Koriander-blätter von den Zweigen zupfen und fein hacken und ebenfalls unter den Joghurt rühren. Die Joghurtsauce mit Salz und frisch gemahlenem Pfeffer abschmecken. Die gegrillten Dolmas mit der Joghurtsauce servieren.

GEGRILLTE AUBERGINE

FÜR 2 PERSONEN ALS HAUPTSPEISE
ZUBEREITUNG: 60–75 MINUTEN
SCHWIERIGKEIT: ✪✪✰

1 türkische Spitzpaprika
1 Aubergine
Olivenöl zum Bestreichen
2 Zweige Koriander
1 unbehandelte Zitrone
1 Msp. gemahlener Kreuzkümmel
1 Msp. gemahlener Zimt
100 g türkischer Joghurt
Salz
frisch gemahlener Pfeffer

1. Den Grill auf eine Temperatur von 160 °C heizen. Die Spritzpaprika bei direkter Hitze grillen, bis die Haut schwarz wird. Die gegrillte Spitzpaprika vom Grill nehmen und abkühlen lassen. Anschließend die Haut abziehen, den Stielansatz und die Samen entfernen. Die Paprikafilets in schmale Streifen schneiden und beiseitestellen.

2. Die Aubergine der Länge nach halbieren. Die Auberginenhälften rundherum mit Olivenöl bestreichen und mit den Schnittflächen nach unten auf den heißen Grill legen. Die Schnittflächen 2 Minuten direkt über den Kohlen (oder über der Gasflamme) grillen. Die Aubergine dann bei indirekter Hitze unter geschlossenem Grilldeckel 20–30 Minuten garen, bis das Fruchtfleisch ganz weich ist. Die Auberginenhälften während des Grillens 2-mal wenden. Die gegrillten Auberginenhälften vom Grill nehmen. Das heiße, weiche Fruchtfleisch mit einem Löffel aus den Schalen heben. Dabei die Schalen nicht verletzen und einen 1 cm dicken Rand lassen. Das Auberginenfleisch fein zerdrücken, dann mit den Spitzpaprikastreifen in eine Schüssel geben.

3. Die Korianderblätter von den Zweigen zupfen, fein schneiden und zugeben. Die Zitrone heiß waschen, trocknen, die Schale fein abreiben und zu den Auberginen geben. Den Kreuzkümmel und den Zimt darüberstreuen. Zum Schluss den Joghurt darübergeben und alles gut vermengen. Die Auberginencreme mit Salz und frisch gemahlenem Pfeffer abschmecken. Die ausgehöhlten Auberginenhälften leicht salzen und mit der Auberginencreme füllen. Die gefüllten Auberginen auf dem heißen Grill nochmals erhitzen.

PIDE MIT BAHARAT-CREME

FÜR 4 PERSONEN ALS BEILAGE
ZUBEREITUNG: 75 MINUTEN
SCHWIERIGKEIT: ✪✪✪

FÜR DIE PIDE

500 g Weizenmehl Type 405
    oder Type 550
1 TL Salz
2 TL Zucker
30 g frische Hefe
400 ml Wasser
1 Eigelb
1 EL Olivenöl
40 g weiße Sesamsaat
1 TL getrockneter Oregano
Weizenmehl für die Arbeitsfläche

FÜR DIE BAHARAT-CREME

100 ml türkischer Sahnejoghurt
1 TL Baharat (orientalische
    Gewürzmischung)
1 unbehandelte Orange
Salz
Olivenöl

1. Den Grill auf eine Temperatur von 200 °C heizen und rechtzeitig einen Pizzastein daraufstellen. Für den Hefeteig das Weizenmehl in eine große Rührschüssel sieben. Das Salz zugeben und vermischen. Die Hefe mit 1 TL Zucker in der Hälfte des lauwarmen Wassers auflösen. Die angerührte Hefe über das Weizenmehl geben und kurz verrühren. Das restliche lauwarme Wasser darübergießen und alles mit dem Handrührgerät (Knethaken) zu einem glatten Teig verkneten. Den Teig mit einem Tuch bedecken und 30 Minuten gehen lassen.

2. Nach der Ruhezeit den Teig behutsam zu einem ovalen Fladen formen. Den Fladen auf einen gut bemehlten Pizzaschieber legen. Mit dem Finger oder der Rückseite eines Löffels diagonal Mulden in den Teig drücken. Das Eigelb, das Olivenöl und 1 TL Zucker verquirlen und das Brot damit bestreichen. Den Sesam und den Oregano auf das Brot streuen. Den Pizzastein mit etwas Mehl bestauben und das Brot mit Hilfe des Pizzaschiebers darauf gleiten lassen. Den Grilldeckel schließen und das Brot etwa 20 Minuten knusprig backen. Das gebackene Fladenbrot auf einem Rost abkühlen lassen.

3. Für die Baharat-Creme den Sahnejoghurt mit der Baharat-Gewürzmischung verrühren. Die Orange heiß waschen, trocknen und die Schale fein abreiben. Den Abrieb unter den Joghurt rühren. Die Baharat-Creme mit etwas Olivenöl verfeinern und mit Salz abschmecken. Das Fladenbrot in Stücke teilen und dazu die Baharat-Creme reichen.

GEFÜLLTE **LAMM-SCHULTER**

FÜR 4 PERSONEN ALS HAUPTSPEISE
ZUBEREITUNG: 2,5 STUNDEN
SCHWIERIGKEIT: ✪✪✪

FÜR DIE FÜLLUNG

250 g gemischte Trockenfrüchte
500 ml Kimiz (lieblicher türkischer
    Weißwein)
250 g Doppelrahmfrischkäse
3 Knoblauchzehen
3 Frühlingszwiebeln

FÜR DAS FLEISCH

1 Lammschulter (am Stück,
    ohne Knochen, ca. 800–1000 g)
Salz
frisch gemahlener Pfeffer

1. Die gemischten Trockenfrüchte in eine Schüssel geben und mit reichlich Kimiz übergießen, sodass alles bedeckt ist. Die Trockenfrüchte 1 Stunde einweichen, anschließend in einem Sieb abtropfen lassen und in kleine Stücke schneiden.

2. Den Grill auf eine Temperatur von 160 °C heizen. Den Frischkäse in eine Schüssel geben und glatt rühren. Die Knoblauchzehen schälen und fein hacken. Die Frühlingszwiebeln putzen und in dünne Ringe schneiden. Den Knoblauch und die Frühlingszwiebeln unter den Frischkäse rühren.

3. Die Lammschulter auseinanderklappen und flach auslegen, wenn nötig, das Fleisch etwas einschneiden. Das Fleisch großzügig auf beiden Seiten mit frisch gemahlenem Pfeffer und Salz bestreuen. Die Lammschulter mit der Frischkäsecreme bestreichen. Darauf die klein geschnittenen Trockenfrüchte verteilen. Das Fleisch aufrollen, mit Küchengarn fest zusammenbinden und dieses verknoten (wie bei einem Rollbraten). Das Fleisch auf den Grill legen und 45 Minuten bei indirekter Hitze unter geschlossenem Grilldeckel garen. Dann das Fleisch bei direkter Hitze 10–15 Minuten von allen Seiten knusprig grillen. Die gefüllte Lammschulter vom Grill nehmen, kurz ruhen lassen und anschließend in Scheiben schneiden.

LAMM-KEBAB

FÜR 3 PERSONEN ALS HAUPTSPEISE
ZUBEREITUNG: 40 MINUTEN, MARINIEREN: 12 STUNDEN
SCHWIERIGKEIT: ✪✪✪

FÜR DAS FLEISCH

600 g Lammfleisch aus der Keule
2 rote Spitzpaprika
1 Zwiebel
¼ Kopf Blumenkohl
½ Aubergine
6 in Öl eingelegte Artischockenherzen
Salz

FÜR DEN RUB

3 Knoblauchzehen
1 Stück frischer Ingwer (2 cm)
1 frische rote Chilischote
1 unbehandelte Orange
1 unbehandelte Limette
1 Msp. gemahlener Zimt
1 Prise Salz

1. Das Lammfleisch in Würfel von 3 cm Kantenlänge schneiden und in eine Schüssel geben. Für den Rub die Knoblauchzehen und den Ingwer schälen und fein hacken. Die Chilischote vom Stielansatz befreien, bei Bedarf von den Samen befreien und ebenfalls sehr fein hacken. Alles in eine kleine Schüssel geben. Die Orange und die Limette heiß waschen, abtrocknen, die Schale jeweils fein abreiben und den Saft auspressen. Alles über die Gemüsemischung geben. Dann den Zimt und das Salz zugeben und gut vermengen. Den Rub über das Fleisch geben und erneut gut durchmengen. Die Schüssel bedecken und für 12 Stunden in den Kühlschrank stellen.

2. Den Grill auf eine Temperatur von 200 °C erhitzen. Die Spitzpaprikas putzen und in 3 cm große Stücke schneiden. Die Zwiebel schälen und in 3 cm große Spalten schneiden. Den Blumenkohl in 3 cm große Röschen teilen. Die Aubergine zuerst in dünne Scheiben, dann in 3 cm große Stücke schneiden. Die Artischockenherzen abtropfen lassen.

3. Abwechselnd mariniertes Fleisch und Gemüse auf lange Metallspieße (30–40 cm) stecken und mit etwas Rub einreiben. Die Kebab-Spieße 10–12 Minuten grillen, dabei alle 3–4 Minuten drehen. Dann mit Salz bestreuen und servieren.

GRAVED LACHS
MIT HONIG-DILL-SAUCE

FÜR 8 PERSONEN ALS VORSPEISE
ZUBEREITUNG: 45 MINUTEN
BEIZEN: 4 –6 STUNDEN
SCHWIERIGKEIT: ✪✪✪

FÜR DEN FISCH

1 frische, küchenfertige Lachshälfte
　(mit Haut, ca. 1 kg)
10 EL grobes Meersalz
10 EL Zucker
5 Lorbeerblätter

FÜR DIE HONIG-DILL-SAUCE

200 g Crème fraîche
200 g Mayonnaise
1 ½ EL flüssiger Honig
1 EL Puderzucker
Abrieb von ½ unbehandelten Zitrone
5 EL frische Dillspitzen, fein gehackt
Salz
frisch gemahlener Pfeffer

1. Die Fleischseite der Lachshälfte mit Salz und Zucker bestreuen. Die Lorbeerblätter darauf verteilen. Den Fisch mit Frischhaltefolie bedecken, dann auf ein Tablett legen und mit einem Gewicht beschweren. Ich selbst nehme ein großes Schneidebrett und stelle einen halben Kasten Bier darauf. Den Lachs 4–6 Stunden an einem kühlen Ort in der Beize ruhen lassen.

2. Den Smoker vorbereiten und auf eine Temperatur von 65 °C–90 °C erhitzen. Wer einen digitalen Smoker besitzt, stellt die Temperatur auf exakt 68 °C ein – das ist die optimale Temperatur zum Warmräuchern von Lachs. Den gebeizten Fisch aus der Folie nehmen, unter kaltem Wasser gut abspülen und trocken tupfen. Die gebeizte Lachsseite in 8 gleich große Stücke schneiden. Diese mit der Haut nach unten auf einen Grillrost legen. 1 Handvoll eingeweichte Räucherchips (Eichenholz) auf den glühenden Kohlen oder den Briketts verteilen. Den Rost mit dem Lachs auf den Smoker stellen. Den Deckel schließen. Den Fisch 20–35 Minuten gar räuchern. Bei 90 °C dauert das 20 Minuten, bei 68 °C etwa 30–35 Minuten. Die Garstufe kann man kontrollieren, indem man sanft mit den Fingern auf den Fisch drückt: Wenn die Fleischsegmente fast auseinanderfallen, ist der Fisch gar. Zudem muss sich die Haut ganz leicht ablösen lassen.

3. In der Zwischenzeit die Crème fraîche, die Mayonnaise, den Honig und den Puderzucker zu einer glatten Sauce verrühren. Die Sauce mit dem Zitronenabrieb abschmecken, dann die gehackten Dillspitzen unterrühren. Die Honig-Dill-Sauce mit Salz und frisch gemahlenem Pfeffer würzen. Den frisch geräucherten, lauwarmen Lachs mit der Honig-Dill-Sauce und roten und gelben Beten servieren.

CARPACCIO VON GERÖSTETEN RÜBEN MIT ZIEGENKÄSE UND PETERSILIE

FÜR 4 PERSONEN ALS VORSPEISE
ZUBEREITUNG: 90 MINUTEN
SCHWIERIGKEIT: ✪ ✪ ✪

FÜR DIE RÜBEN
10 frische rote Beten
150 g reifer Ziegenkäse
100 g gemischter Salat
   (Feldsalat, Rucola, Kopfsalat)

FÜR DIE VINAIGRETTE
1 Bund glatte Petersilie
2 EL Weißweinessig
2 EL Sushi-Essig
1 EL flüssiger Honig
100 ml Traubenkernöl
Salz
frisch gemahlener Pfeffer

1. Einen Holzkohlegrill sehr stark erhitzen. Die roten Beten in die glühenden Kohlen legen. Große Rüben garen in etwa 45 Minuten, mittelgroße in 30–35 Minuten. Die Beten regelmäßig wenden. Sobald die Schale vollständig schwarz verkohlt und die rote Beten gar sind, die Beten aus den Kohlen holen und abkühlen lassen. Die Beten schälen (dazu am besten Einmalhandschuhe tragen) und unter Wasser abspülen. Die geschälten Beten mit Hilfe eines Hobels in dünne Scheiben schneiden. Diese Scheiben dachziegelartig auf einem großen Servierteller anrichten.

2. Für die Vinaigrette die Petersilienblätter von den Zweigen zupfen und sehr fein hacken. Den Weißweinessig, den Sushi-Essig, den Honig und das Traubenkernöl zu einer Vinaigrette verrühren. Die fein gehackte Petersilie unterrühren. Die Vinaigrette mit Salz und frisch gemahlenem Pfeffer abschmecken. Die Rote-Bete-Scheiben großzügig mit der Vinaigrette bestreichen.

3. Mit einem Käsehobel dünne Scheiben vom Ziegenkäse schneiden. Mit einem runden Ausstecher (dessen Durchmesser dem der roten Beten entspricht) Kreise aus den Käsescheiben stechen. Die Käsescheiben zwischen die Rote-Bete-Scheiben stecken. Zum Schluss den Salat auf das Carpaccio geben und servieren.

ELCH-STEAK
MIT BEERENSAUCE

FÜR 4 PERSONEN ALS HAUPTSPEISE
ZUBEREITUNG: 30–40 MINUTEN
SCHWIERIGKEIT: ✪ ✪ ✪

FÜR DIE BEERENSAUCE
250 g frische Cranberrys
3 Sternanis
1 Stange Zimt
150 g Zucker
350 ml Orangensaft

FÜR DAS FLEISCH
600 g küchenfertiges Elchfleisch
   aus dem Rücken (z. B. Entrecôte)
Salz

1. Einen Grill auf mittlere Temperatur vorheizen. Für die Beerensauce die frischen Cranberrys, die Sternanis, die Zimtstange, den Zucker und den Orangensaft in einen Topf geben und auf dem Grillrost oder dem Seitenbrenner des Grills aufkochen. Die Temperatur reduzieren und die Sauce weiterköcheln lassen, bis alle Cranberrys aufgeplatzt sind. Den Topf vom Feuer nehmen. Die Sternanis und die Zimtstange entfernen. Die Sauce im Mixer oder mit einem Stabmixer pürieren. Anschließend die Sauce durch ein Sieb passieren.

2. Den Grill auf eine Temperatur von 220 °C erhitzen. Das Elchfleisch in 1,5–2 cm dicke Steaks schneiden. Die Steaks 6–8 Minuten grillen, dabei immer wieder wenden. Die Kerntemperatur soll je nach Vorliebe 54–60 °C erreichen. Das Fleisch nach dem Grillen 5 Minuten ruhen lassen, je nach Belieben mit etwas Salz bestreuen und mit der Beerensauce servieren.

DÄNISCHE ZIMT-SCHNECKE

FÜR 6 PERSONEN ALS NACHSPEISE
ZUBEREITUNG: 60–70 MINUTEN
SCHWIERIGKEIT: ✪✪✩

FÜR DEN TEIG
500 g helles Weizenmehl Type 405
    oder Type 550
25 g Zucker
½ TL gemahlener Kardamom
1 Prise Salz
100 g weiche Butter
2 Eier
240 ml Vollmilch
50 g frische Hefe
Weizenmehl für die Arbeitsfläche

FÜR DIE FÜLLUNG
120 g weiche Butter
100 g Zucker
2 EL gemahlener Zimt

1. Für den Hefeteig das Weizenmehl, den Zucker, den Kardamom, das Salz, die weiche Butter und die Eier in die Rührschüssel der Küchenmaschine geben. Die Vollmilch in einem kleinen Topf leicht erwärmen. Die frische Hefe hineinbröseln und unter Rühren auflösen. Das Milch-Hefe-Gemisch zu der Mehl-Ei-Mischung in die Rührschüssel geben und alles mit dem Knethacken 5 Minuten zu einem glatten, geschmeidigen Teig verkneten. Den Hefeteig zugedeckt 30 Minuten gehen lassen. In der Zwischenzeit die Füllung vorbereiten: Die weiche Butter, den Zucker und das Zimtpulver in eine Schüssel geben und glatt rühren.

2. Den Grill auf eine Temperatur von 180 °C heizen und einen Pizzastein daraufstellen. Den Hefeteig in zwei Hälften teilen. Die beiden Teigportionen auf einer bemehlten Arbeitsfläche zu zwei gleich großen, je 1 cm dicken Rechtecken ausrollen. Die Füllung auf den beiden Teigplatten verteilen und gleichmäßig verstreichen. Die beiden Teigplatten jeweils mit der Füllung nach oben aufeinanderlegen. Das Teigpäckchen zu einer Rolle drehen. Diese in 2,5 cm dicke Scheiben schneiden.

3. Eine Lage Backpapier auf den heißen Pizzastein legen. Die Zimtschnecken mit den Schnittflächen nach oben auf den Pizzastein legen, dabei stets mindestens 1 cm Platz lassen. Den Grilldeckel schließen. Die Zimtschnecken auf dem Grill ca. 12 Minuten goldbraun backen. Anschließend vom Grill nehmen und auf einem Gitter auskühlen lassen. Dazu passt eine Tasse Kaffee.

BORSCHTSCH
(ROTE-BETE-SUPPE)

FÜR 4 PERSONEN ALS VORSPEISE
ZUBEREITUNG: 1,5 STUNDEN
SCHWIERIGKEIT: ✪✩✩

6 große rote Beten
¼ kleiner Knollensellerie
   (gerne mit Selleriegrün)
½ rote Zwiebel
½ Karotte
50 g Butter
2 Lorbeerblätter
2 EL geriebener Meerrettich
   (aus dem Glas)
3 EL dunkler Aceto balsamico
750 ml heiße Gemüsebrühe
Salz
125 g Crème fraîche
4 gekochte Eier
4 Gewürzgurken (aus dem Glas)
1 Stück frischer Meerrettich
   zum Reiben

1. Rechtzeitig einen Holzkohlengrill vorheizen. Den Knollensellerie, die rote Zwiebel und die Karotte schälen und in etwa 2–3 cm große Würfel schneiden. Die Gemüsestücke auf eine Lage Alufolie geben. Die Butter, die Lorbeerblätter und etwas Selleriegrün darauf verteilen. Das Gemüse gut einwickeln und die Folie fest verschließen. Die roten Beten in die glühenden Kohlen des Grills legen und alle 10 Minuten wenden, sodass sie rundum schwarz werden und gleichmäßig garen. Mittelgroße rote Beten sind nach etwa 35 Minuten gar, große Beten benötigen ungefähr 45 Minuten. Das in Alufolie eingewickelte Gemüse in die Glut auf die roten Beten legen, sodass es nicht zu heiß wird, und 25 Minuten mitgaren.

2. Die roten Beten und das Gemüsepäckchen vom Grill nehmen und 30 Minuten ruhen lassen. Die geschwärzten Schalen der roten Beten ablösen. (Dabei am besten Einmalhandschuhe tragen.) Die geschälten Beten mit Wasser abspülen und in grobe Stücke schneiden. Die Rote-Bete-Stücke in einen Mixer geben. Den geriebenen Meerrettich, den Balsamico und die heiße Gemüsebrühe dazugeben. Alles 1 Minute mixen. Die Lorbeerblätter aus dem Gemüsepäckchen nehmen. Den restlichen Inhalt des Päckchens zu der Suppe geben. Alles nochmals glatt mixen und mit Salz abschmecken. Kurz vor dem Servieren die Crème fraîche mit einem Löffel unter die heiße Suppe rühren.

3. Die gekochten Eier und die Gewürzgurken in Stücke schneiden und auf 4 tiefe Teller verteilen. Dann mit der heißen Rote-Beete-Suppe aufgießen. Zum Schluss mit frisch geriebenem Meerrettich bestreuen und sofort servieren.

Für den authentischen Geschmack mit einem Gläschen Wodka begleiten (oder diesen gleich in die Suppe einrühren).

KALBSSCHNITZEL MIT »STROGANOFF«- SAUCE

FÜR 4 PERSONEN ALS HAUPTSPEISE
ZUBEREITUNG: 75 MINUTEN
SCHWIERIGKEIT: ❶ ❷ ❸

FÜR DIE SAUCE

150 g frische Champignons
1 rote Paprikaschote
1 grüne Paprikaschote
2 Zwiebeln
2 Knoblauchzehen
50 ml Wodka
1 EL Tomatenmark
100 ml Kalbsbrühe
100 ml flüssige Sahne
Tabascosauce
Worcestershire-Sauce
Salz
frisch gemahlener Pfeffer

FÜR DAS FLEISCH

4 küchenfertige Kalbsschnitzel
   (à 150 g)
Salz
frisch gemahlener Pfeffer

1. Den Grill auf eine Temperatur von 200 °C vorheizen. Die Champignons putzen. Die Paprikaschoten halbieren, den Stielansatz abschneiden und die Samen herausschneiden. Die Paprikahälften erneut halbieren, sodass Viertel entstehen. Die Zwiebeln schälen und vierteln. Das Gemüse auf den heißen Grill legen und 10 Minuten goldbraun rösten. Das geröstete Gemüse leicht abkühlen lassen, dann in kleine Stücke schneiden. Die Grilltemperatur auf 140 °C senken.

2. Die Knoblauchzehen schälen und fein hacken. Einen »Dutch Oven« (Feuertopf aus Gusseisen) auf dem Grill vorheizen. Das Pflanzenöl erhitzen. Den Knoblauch darin farblos anschwitzen. Das geröstete Gemüse und das Tomatenmark zugeben und kurz anrösten. Das Gemüse mit dem Wodka ablöschen. Die Kalbsbrühe sowie je 1 Spritzer Tabascosauce und Worcestershire-Sauce zugeben und den Topfinhalt bei 140 °C etwa 15 Minuten köcheln lassen. Dann die Sahne in die Sauce rühren, kurz aufkochen und den Topf vom Feuer nehmen. Die »Stroganoff«-Sauce mit Salz und frisch gemahlenem Pfeffer abschmecken.

3. Die Grilltemperatur auf 200 °C erhöhen. Die Kalbsschnitzel mit Salz und frisch gemahlenem Pfeffer würzen und auf jeder Seite 4 Minuten grillen. Die gegrillten Kalbsschnitzel mit der »Stroganoff«-Sauce servieren. Dazu passen gebratene Kartoffeln.

PYRIZHKY
(BRÖTCHEN MIT KOHLFÜLLUNG)

FÜR 6 PERSONEN ALS BEILAGE
ZUBEREITUNG: 2 STUNDEN
SCHWIERIGKEIT: ✪✪✩

FÜR DEN TEIG

520 g Weizenmehl Type 405
    oder Type 550
1,5 TL Salz (8 g)
300 ml lauwarmes Wasser
50 g Zucker
15 g frische Hefe
1 Ei
120 ml Sonnenblumenöl

FÜR DIE KOHLFÜLLUNG

½ Kopf frischer Weißkohl
1 Zwiebel
25 g Butter
1 TL Pfeffer
1 EL geriebener Meerrettich
    (aus dem Glas)
2 Zweige Thymian
Salz

1. Den Grill rechtzeitig auf eine Temperatur von 180 °C vorheizen. Einen Pizzastein auf den heißen Grill legen. Das Weizenmehl und das Salz in einer Rührschüssel vermischen. Die Hefe und den Zucker in 100 ml lauwarmem Wasser auflösen. Die angerührte Hefemischung 15 Minuten stehen lassen. Die angerührte Hefemischung, das Ei, das Sonnenblumenöl und das restliche lauwarme Wasser (200 ml) über das Weizenmehl gießen. Alles mit dem Handrührgerät (Knethaken) zu einem glatten Teig verkneten. Den Teig mit einem Tuch bedecken und 30 Minuten gehen lassen.

2. In der Zwischenzeit den Weißkohl in dicke Spalten schneiden. Die Zwiebel schälen und vierteln. Alles mit etwas Sonnenblumenöl bestreichen. Die Weißkohl- und Zwiebelstücke etwa 15 Minuten auf dem Grillrost grillen, bis sie gar und gut geröstet sind. Nach der Hälfte der Zeit wenden. Das Gemüse vom Grill nehmen, fein schneiden und in eine Schüssel geben. Die Butter, den Pfeffer und den geriebenen Meerrettich zugeben. Die Thymianblättchen von den Zweigen zupfen und ebenfalls dazugeben. Alles gut vermengen und mit Salz abschmecken.

3. Von dem Hefeteig Portionen von je 30 g abnehmen und diese zu Kugeln formen. Die Teigkugeln kurz ruhen lassen. Jede Teigkugel mit den Händen flach drücken. Auf jeden dieser Teigfladen etwas Kohlfüllung setzen. Die freien Teigränder nach oben klappen und die Füllung gut verschließen. Die gefüllten Brötchen mit der Nahtstelle nach unten 15 Minuten gehen lassen. Die Brötchen mit der Nahtseite nach unten auf den heißen Pizzastein setzen, den Grilldeckel schließen und die Brötchen 15–20 Minuten goldbraun backen. Die Pyrizhky-Brötchen auf einem Rost abkühlen lassen.

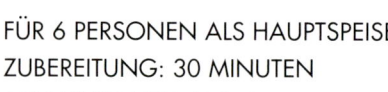

KÖFTE

750 g Hackfleisch vom Lamm
frisch abgeriebene Schale von
  ½ unbehandelten Zitrone
1 Knoblauchzehe, fein gehackt
2 EL frische Minzeblätter, fein gehackt
2 EL frische Korianderblätter,
  fein gehackt
1 TL scharfes Paprikapulver
1 EL Ras el-Hanout
  (orientalische Gewürzmischung)
2 TL grobes Meersalz
6 Lavashbrote (ungesäuertes,
  dünnes Fladenbrot)
einige karamellisierte,
  rote Zwiebelspalten
einige frische Korianderblätter

1. Das Lammhackfleisch mit allen anderen Zutaten in eine Schüssel geben und gut vermengen. Das Fleisch an breite, platte, lange Metallspieße geben und festdrücken, bis diese auf etwa 20 cm Länge und 2,5 cm Breite bedeckt sind.

2. Alle Roste vom Grill nehmen und diesen auf 230–250 °C erhitzen. Die vorbereiteten Spieße auf beiden Seiten jeweils 3–4 Minuten grillen. Eventuell zwei Backsteine verwenden, um die Griffe und Spitzen der Spieße abzulegen. Die Köfte von den Spießen nehmen und in einem doppelt gefaltetem Lavashbrot mit karamellisierten, roten Zwiebeln und etwas frischem Koriander servieren.

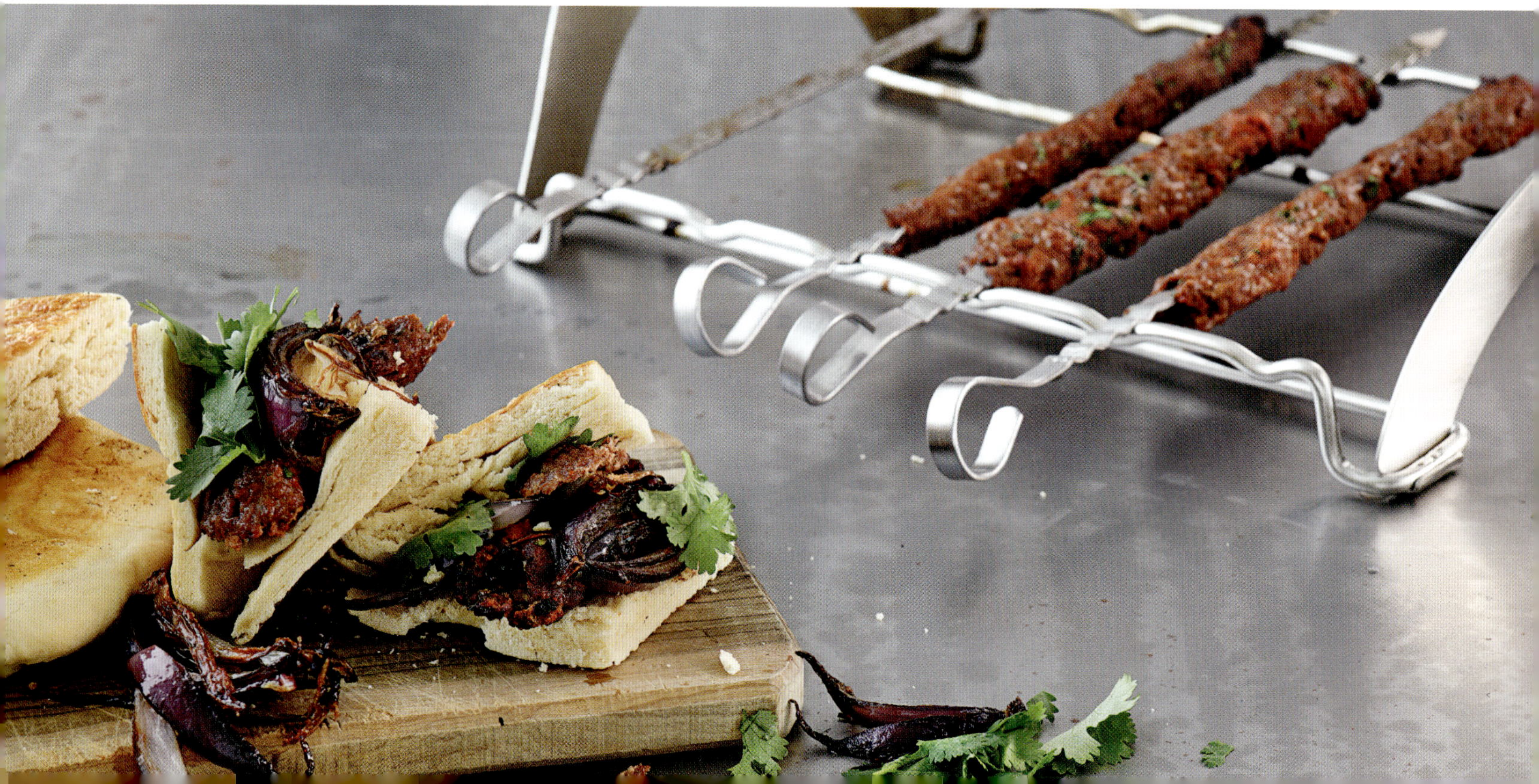

LAVASH-BROT

500 g Weizenmehl Type 405,
  etwas mehr für die Arbeitsfläche
½ EL Salz
20 g Backpulver
25 g Zucker
115 g zerlassene ungesalzene Butter
375 ml lauwarmes Wasser
1 Ei

1. Den Grill zusammen mit einem Pizzabackstein auf 220 °C vorheizen. Das Weizenmehl in eine große Schüssel geben, Salz, Backpulver und Zucker hinzufügen und alles gut durchmischen. Die flüssige Butter und den Großteil des Wassers beifügen. Alles gut miteinander verkneten und einem Teig formen. Sollte sich dieser zu trocken anfühlen, noch etwas Wasser hinzufügen; dabei weiter kneten. Sollte sich der Teig zu feucht anfühlen, etwas Mehl hinzufügen. Den Teig einige Minuten weiterkneten, bis er glatt und elastisch ist.

2. Den Teig in 2–3 Portionen teilen und diese zu Kugeln formen. Daraus wiederum kleinere Teigmengen abnehmen und diese zu zitronengroßen Kugeln rollen. Jede dieser Teigkugeln mit dem Nudelholz auf einer mit etwas Mehl bestäubten Arbeitsfläche zu einem Kreis ausrollen. Jeder Kreis soll einen Durchmesser von rund 25 cm haben und 2–3 mm dick sein. Jeden Kreis erst zu einem Halbmond, dann zu einem Viertel und zuletzt zu einem Achtel falten. Jedes dieser gefalteten Teigviertel erneut zu einem gleichmäßig dicken Kreis ausrollen (so entstehen luftige Lagen). Das Ei mit wenig Wasser verquirlen. Die Oberflächen der ausgewellten Teigkreise damit dünn bestreichen.

3. Den ersten vorbereiteten Teigfladen auf den vorgeheizten, mit etwas Mehl bestäubten Pizzabackstein gleiten lassen und backen, bis der Boden leicht bräunt. Den Fladen nach 5–7 Minuten wenden (das hängt von der Dicke des Teiges ab) und anschließend weitere 2–3 Minuten backen. Den gebackenen Fladen vom Pizzabackstein nehmen und abkühlen lassen. Diesen Vorgang wiederholen, bis alle Brote gebacken sind. (Die Fladen einzeln backen, nicht mehrere Fladen auf den Stein legen.) Die Fladen sofort mit salzigem Schafskäse oder Köfte servieren.

Die Fladenbrote kann man bis zu 2 Wochen in einem luftdicht verschlossenen Behälter aufbewahren.

NORD-
AMERIKA

Manchmal sind es die Klassiker, die fesseln und begeistern, mal sind es neue Ideen und Wege. Beim Thema »Grillen wie in Nordamerika« finden Sie beide Aspekte unter einem Dach vereint. Da begegnen Ihnen bekannte Grillspezialitäten wie Spare Ribs, Pulled Pork oder Maistortillas, die Sie vielleicht immer schon einmal nachkochen wollten. Andererseits bieten sich auch völlig neue Interpretationsmöglichkeiten wie beispielsweise die Kombination von Räucherforelle und Waldorfsalat oder die Zubereitung einer Guacamole mit gegrilltem Gemüse

GERÄUCHERTE FORELLE AUF WALDORF-SALAT

FÜR 4 PERSONEN ALS VORSPEISE
ZUBEREITUNG: 30 MINUTEN
MARINIEREN: 1 STUNDE
SCHWIERIGKEIT: ✪ ✪ ✪

4 frische Forellenfilets (mit Haut,
   à ca. 250 g)
½ Knollensellerie
1 Apfel
2 Stangen Staudensellerie
40 g Walnusskerne, geröstet
1 EL Rosinen
3 EL Mayonnaise
1 EL Ingwersirup
frisch gepresster Zitronensaft
Salz
frisch gemahlener Pfeffer

1. Die Forellenfilets säubern und eventuell vorhandene Gräten herauszupfen. Die Haut nicht entfernen. Die Filets mit Salz bestreuen und 1 Stunde ziehen lassen. 1 Handvoll Räucherchips in Wasser einweichen. Den Grill auf 60–80 °C erhitzen. Die eingeweichten Räucherchips auf die Kohlen legen. Bei Verwendung eines Gasgrills eine Räucherbox (Holzkohleeinsatz mit Räuchereinheit) verwenden. Die Forellenfilets bei indirekter Hitze unter geschlossenem Grilldeckel etwa 15 Minuten räuchern.

2. In der Zwischenzeit den Waldorfsalat vorbereiten: Den Knollensellerie schälen und in streichholzgroße Stifte (Julienne) schneiden. Die Selleriestifte 2 Minuten in sprudelnd kochendem Salzwasser blanchieren, dann in Eiswasser abschrecken und gut abtropfen lassen. Den Apfel schälen, halbieren und das Kerngehäuse herausschneiden. Die Apfelhälften in streichholzgroße Stifte schneiden. Den Stangensellerie putzen und ebenfalls in streichholzgroße Stifte schneiden. Die Walnusskerne grob hacken. Den Knollensellerie, den Apfel, den Staudensellerie, die Walnusskerne und die Rosinen in einer Schüssel vermengen. Die Mayonnaise, den Ingwersirup und etwas frisch gepressten Zitronensaft zugeben. Alles gut vermischen. Den Waldorf-Salat mit Salz und frisch gemahlenem Pfeffer abschmecken, dann in eine flache Schale geben.

3. Vorsichtig die Haut von den Forellenfilets abziehen. Die lauwarmen Räucherfilets auf den Salat legen und sofort servieren.

»GESCHWÄRZTER« CATFISH

FÜR 4 PERSONEN ALS HAUPTSPEISE
ZUBEREITUNG: 30 MINUTEN
SCHWIERIGKEIT: ✪✪✫

FÜR DIE GEWÜRZMISCHUNG

2 EL geräuchertes Paprikapulver
1 EL gemahlener Piment
2 TL getrockneter Thymian
1 EL Knoblauchpulver
1 EL Zwiebelpulver
1 TL gemahlener Kreuzkümmel
½ TL Cayennepfeffer
1 TL frisch gemahlener schwarzer
    Pfeffer
1 TL grobes Meersalz

FÜR DIE KNOBLAUCHBUTTER

100 g weiche ungesalzene Butter
3 Knoblauchzehen
1 unbehandelte Limette
½ Bund Koriander
Salz

FÜR DEN FISCH

4 Filets vom American Catfish
    (US-Welsfilets, ohne Haut,
    à ca. 220 g)
Sonnenblumenöl
75 g Butter

1. Den Grill auf 200 °C vorheizen. Für die Gewürzmischung alle Zutaten in eine Schüssel geben und vermengen. Für die Knoblauchbutter die weiche Butter in eine Schüssel geben und mit dem Handrührgerät leicht aufschlagen. Die Knoblauchzehen schälen, durch die Presse drücken und in die schaumige Butter rühren. Die Limette heiß waschen, trocknen, die Schale fein abreiben und den Saft auspressen. Den Abrieb und den Saft zu der Butter geben und gut verrühren. Die Korianderblätter von den Zweigen zupfen, fein hacken und unter die Knoblauchbutter mengen. Die Knoblauchbutter zum Schluss mit Salz abschmecken. Den Fisch leicht mit Sonnenblumenöl einpinseln und rundherum mit der Gewürzmischung bestreuen.

2. Ein »Skillet« (Grillbratpfanne mit Rillen) auf dem Grill erhitzen. Die Butter in das »Skillet« geben und aufschäumen lassen. Die gewürzten Fischfilets auf die Rillen der Grillbratpfanne legen und grillen, bis sie dunkelbraun, besser noch leicht schwarz sind. (So macht man es in der Cajun-Küche Louisianas.) Den Fisch aber auf keinen Fall anbrennen lassen. Die Filets während des Grillens einmal wenden. Die geschwärzten Fischfilets vom Grill nehmen, reichlich Knoblauchbutter daraufgeben und sofort servieren.

SPARE RIBS

FÜR 4 PERSONEN ALS HAUPTSPEISE
ZUBEREITUNG: 4 STUNDEN
SCHWIERIGKEIT: ✪✪✩

FÜR DEN RUB (GEWÜRZMISCHUNG)
2 EL mildes Paprikapulver
2 EL brauner Zucker
2 TL Senfpulver
2 TL Knoblauchpulver
1 EL Zwiebelpulver
1 TL Cayennepfeffer
1 EL schwarzer Pfeffer
2 EL grobes Meersalz

FÜR DIE RIBS
4 Leisten Spare Ribs (Schweine-Schälrippchen, à ca. 800–1000 g)
150 ml Apfelsaft
175 ml Barbecuesauce

1. Alle Zutaten für den Rub in eine Schüssel geben und vermengen. Die Membran (Silberhaut) der Rippchen abziehen und die Ribs mit dem Rub einreiben. Einen Smoker auf 115–120 °C erwärmen. 1 Handvoll eingeweichte Räucherholzstücke aus Hickoryholz (Smoking Chunks) auf die Kohlen legen.

2. Die Rippchenleisten aufrecht in einen Spareribshalter (»Rib Rack«) stellen und bei einer Temperatur von 115 °C 2 Stunden räuchern. Während der Garzeit ab und zu einige gewässerte Räucherholzstücke in die Kohlen geben und bei Bedarf Kohlen nachfüllen, um die Temperatur konstant zu halten. Die Ribs immer wieder mit Apfelsaft besprühen, dabei allerdings Vorsicht walten lassen: Das Besprühen mit Apfelsaft oder Cidre soll in erster Linie helfen, einen besseren »smoke ring« (Rauchring) zu erhalten, nicht so sehr für das Aroma oder den Abbau von Enzymen. Vorsicht ist vor allem angebracht, weil man den Räuchergeschmack und die Marinade sprichwörtlich wegspülen kann. Zudem verlangsamt das Besprühen den Garprozess und es dauert länger, bis die Ribs fertig sind. Je 2 Rippchenleisten nach dem Räuchern auf eine doppelte Lage Aluminium setzen und einige EL Apfelsaft hinzufügen. Die Folien zu Päckchen verschließen. Diese zurück auf den Grill legen und die Ribs weitere 90 Minuten garen.

3. Eine direkte Zone auf dem Grill vorbereiten. Diese auf eine mittlere Temperatur von 180–190 °C erhitzen. Die Ribs aus der Folie nehmen und jeweils 3–5 Minuten auf den Fleischseiten grillen. Die Ribs wenden. Die Fleischseiten mit etwas Barbecuesauce bestreichen. Nach 5 Minuten erneut mit etwas Barbecuesauce bestreichen. Den Grilldeckel schließen und die Sauce 10 Minuten karamellisieren lassen. Die Ribleisten in 2–3 Rippchen schneiden und auf einem Brett anrichten. Dazu passen Kartoffeln oder Gemüse vom Grill. Je nach Wunsch etwas Barbecuesauce dazu reichen.

PULLED PORK

FÜR 6 PERSONEN ALS HAUPTSPEISE
ZUBEREITUNG: CA. 16–18 STUNDEN
SCHWIERIGKEIT: ✪ ✪ ✪

1 Procureur (Schweinenacken,
ca. 2,5 kg)

FÜR DIE WÜRZMISCHUNG (RUB)

12 EL brauner Zucker
2 EL gemahlener Kurkuma
3 EL Zwiebelpulver
4 EL Knoblauchpulver
2,5 EL Cayennepfeffer
8 EL edelsüßes Paprikapulver
7 EL Salz

FÜR DIE BRÖTCHEN (BUNS)

150 ml Wasser
150 ml Weißweinessig
150 g Zucker
12 Cherry-Tomaten
1 gelbe Paprikaschote
2 Karotten
½ Salatgurke
6 weiche Brötchen oder Buns
    (Hamburgerbrötchen)
reichlich Coleslaw (amerikanischer
    Krautsalat)
einige gemischte Salatblätter,
    in Streifen geschnitten
Barbecuesauce nach Wahl

1. Die Zutaten für die Würzmischung gut vermischen und das gekühlte Fleisch großzügig damit einreiben. Falls Reste übrigbleiben, können diese in einem verschließbaren Behälter aufbewahrt und beim nächsten Mal verwendet werden.

2. Eine gute Handvoll Räucherchips (z. B. aus Apfel- oder Kirschbaumholz) in reichlich Wasser einweichen. Einige Handvoll Räucherchips (nicht eingeweicht) zu den noch nicht entzündeten Grillkohlen in den Smoker geben. Die Wasserschale eines Smokers auffüllen. Einen Fire Starter (Anzündkamin) zur Hälfte mit Holzkohle auffüllen, anzünden und die glühenden Kohlen zu jenen hinzufügen, die sich bereits im Smoker befinden. Die eingeweichten Räucherchips über die glühenden Kohlen verstreuen. Den Schweinenacken auf den mittleren Rost des Smokers legen, oder, bei Verwendung eines »gewöhnlichen« Grills, an eine Stelle, bei der die Hitze nur indirekt einwirkt. Anschließend den Deckel schließen. Den Grill auf eine Temperatur zwischen 95 °C und 110 °C bringen, bei diesen Temperaturen bleibt das Pulled Pork schön saftig. Den Schweinenacken etwa 8 Stunden garen, bis das Fleisch eine Kerntemperatur von etwa 71 °C erreicht hat (diese lässt sich mit einem Kernthermometer ermitteln). Hinweis: In diesem Moment wird die erste sogenannte Plateauphase erreicht, wobei die Kerntemperatur ganz langsam bis auf 77 °C ansteigt, um dort sehr lange zu bleiben. Einer der Gründe liegt darin, dass das Kollagen, welches das Fleisch zusammenhält, nun in Gelatine umgewandelt wird. Während dieses Prozesses wird relativ viel Feuchtigkeit freigesetzt, was den Garprozess verlangsamt. Ein weiterer Grund liegt in der Verdampfung jener Flüssigkeiten, die sich im Fleisch selbst befinden (konkret handelt es sich um die Kollagenproteine aus dem Fett). Durch das Einpacken in Folie wird die Umgebung des Fleisches feuchter, was das Warten auf die Plateauphase verkürzt. Wenn die Plateauphase (71 °C) erreicht ist, das Fleisch aus dem Smoker nehmen, in Alufolie einpacken und es zurück auf den Grillrost legen. Den Deckel des Grillrosts schließen und das Fleisch langsam weitere 6–8 Stunden garen, bis die Kerntemperatur einen Wert zwischen 86 °C und 96 °C erreicht hat. Der exakte Wert ist nicht so

wichtig, so lange dieser über 86 °C liegt. Den gegarten Schweinenacken aus dem Smoker nehmen und anschließend in der Alufolie mehrere Stunden in einer Isolierbox (Warmhaltebox oder Kühlbox) ruhen lassen. Sowohl die Alufolie als auch die Box isolieren das Fleisch, sodass es konstant warm bleibt.

3. Währenddessen die Zutaten für die Brötchen vorbereiten: Für den Pickle-Sud das Wasser, den Weißweinessig und den Zucker aufkochen, bis sich der Zucker aufgelöst hat. Diesen süßsauren Sud abkühlen lassen. Die Paprikaschote halbieren, Strunk und Kerne entfernen und das Fruchtfleisch in Würfel schneiden. Die Karotte schälen. Von der Karotte und der Gurke mit einem Schälmesser der Länge nach dünne Streifen abhobeln. Die Cherry-Tomaten in Viertel schneiden. Das Gemüse in den süßsauren Pickle-Sud legen und beiseitestellen. Vor dem Servieren das süßsaure Gemüse abtropfen lassen und das Fleisch vom Schweinenacken mit den Fingern oder mit Hilfe von Meat Claws (Fleischkrallen) auseinanderziehen und zerrupfen.

4. Die Brötchen aufschneiden und mit Coleslaw, gemischtem Salat und süßsaurem Gemüse und reichlich Pulled Pork belegen. Je nach Geschmack mit Barbecuesauce beträufeln. Mit der oberen Hälfte des Brötchens abdecken und sofort servieren.

LANGSAM GEGARTE RINDERBRUST (BRISKET)

FÜR 6 PERSONEN ALS HAUPTSPEISE
ZUBEREITUNG: 18–22 STUNDEN
SCHWIERIGKEIT: ✪ ✪ ✪

FÜR DEN RUB (GEWÜRZ-MISCHUNG)

½ EL brauner Zucker
½ EL Knoblauchpulver
1 EL Zwiebelpulver
2 TL Chilipulver
½ EL gemahlener Piment
3 EL schwarzer Pfeffer
2 EL grobes Meersalz

FÜR DAS FLEISCH

2 kg Beef Brisket (Rinderbrustspitz, Teilstück der Rinderbrust)
100 g Glas scharfer Senf

Ein Wort vorab: Wer beim Metzger Rinderbrust bestellt, erhält möglicherweise nur einen Teil davon. Die Brust (6 kg) besteht nämlich aus zwei Teilen: dem Brustspitze und dem Brustkern. Gelegentlich kann man zwischen beiden Stücken wählen. In diesem Fall immer die Spitze wählen, weil diese deutlich mehr intramuskuläre Fette enthält und dadurch saftiger bleibt. Wer einen Brustkern erhält, kann das Fleisch besser in einem »Dutch Oven« (verschließbarer Feuertopf aus Gusseisen) schmoren oder in Aluminiumfolie wickeln. In diesem Fall sollten Sie das Fleisch in den letzten 30 Minuten der Garzeit aus der Folie bzw. dem Topf nehmen und es bei 115 °C (indirekte Hitze) fertig grillen. Die Zubereitung eines Briskets ist sehr zeitaufwendig. Je nach Größe und Dicke der Rinderbrust dauert der Garprozess mit anschließender Ruhephase bis zu 1 Tag.

1. Für den Rub alle Zutaten in einer Schüssel vermengen. Die Fettschicht des Fleisches vorsichtig abschneiden, sodass nur eine etwa 5 mm dicke Schicht am Fleisch verbleibt. Eventuell an der Unterkante der Rinderbrust vorhandene Sehnen und Häutchen entfernen. Die Rinderbrust erst mit dem Senf bestreichen, dann mit der Gewürzmischung einreiben. Ein Fleischthermometer tief in das Fleisch stecken.

2. Den Smoker vorbereiten. Einige trockene Räucherholzstücke aus Hickoryholz (»Smoking Chunks«) unter die Kohlen mengen. Einen Abtropftopf mit heißem Wasser in den Smoker stellen oder die Wasserschale des Smokers mit heißem Wasser füllen. Den Smoker auf 110 °C erhitzen. 1 Handvoll eingeweichte Räucherholzstücke aus Hickoryholz (»Smoking Chunks«) auf die glühenden Kohlen legen (nicht alle Kohlen glühen zu diesem Zeitpunkt). Verwendet man Briketts, ist es am besten, nach der »Snake«-Methode vorzugehen. Dazu die Briketts in einer Zweierreihe dicht an dicht bogenförmig um den Abtropftopf legen. Auf diese Zweierreihe zusätzlich noch eine Reihe

Briketts schichten. Es entsteht eine gebogene »Schlange«. Die eingeweichten Räucherholzstücke auf dieser Brikett-Schlange verteilen. Die Briketts an einem Ende entzünden, während des Garens wandert das Feuer weiter. Nur so wird eine konstant niedrige Temperatur über die lange Garzeit gewährleistet. Entzündet man alle Briketts sofort, würde das Fleisch verbrennen.

3. Den Grillrost über den mit heißem Wasser gefüllten Abtropftopf in den Smoker stellen. Die gewürzte Rinderbrust mit der Fettschicht nach oben darauflegen und den Grilldeckel schließen. Die Rinderbrust räuchern, bis die Plateauphase erreicht ist (dies kann bereits ab 66 °C der Fall sein und bis zum Erreichen von 77 °C Kerntemperatur andauern. Die Plateauphase ist ein Zeitraum beim Smoken, bei dem die Kerntemperatur des Fleisches nicht weiter ansteigt oder sogar um einige Grad sinkt. Während der Plateauphase werden Fett und Bindegewebe umgewandelt und verflüssigt. Die Feuchtigkeit verdampft an der Oberfläche des Fleischs, wodurch die Temperatur sinkt. Diese Plateauphase kann mehrere Stunden dauern.) Sobald das Fleisch die Plateaustufe erreicht hat und die Kerntemperatur sinkt, die Rinderbrust sorgfältig in eine doppelte Lage Aluminiumfolie wickeln und zurück auf den Grill legen. Unter geschlossenem Grilldeckel weitergaren, bis das Fleisch eine Kerntemperatur von 95 °C erreicht hat. Das in die Alufolie gewickelte Fleisch in eine Isolierbox legen, diese verschließen und das Fleisch 2 Stunden ruhen lassen. Zum Servieren die Rinderbrust gegen die Faser in dünne Scheiben schneiden.

GEGRILLTE
KÜRBISTARTE

FÜR 8 PERSONEN ALS VORSPEISE
ZUBEREITUNG: 2,5 STUNDEN
SCHWIERIGKEIT: ✪✪✪

FÜR DEN TEIG
150 g Weizenmehl Type 405
75 g kalte Butter
75 ml Wasser
1 Prise Salz

FÜR DIE FÜLLUNG
1 Flaschenkürbis (Butternusskürbis,
    ca. 800 g)
2 Eier
20 g Weizenmehl Type 405
15 g weiche Butter
250 g brauner Zucker
60 g Milch
¼ TL Salz
½ TL gemahlene Gewürznelken
1 TL gemahlener Zimt
1 TL gemahlener Ingwer
½ TL frisch geriebene Muskatnuss

ZUM SERVIEREN
150 g Crème fraîche
geröstete Pistazienkerne

1. Zuerst den Teig herstellen: Dazu alle Zutaten im Mixer auf der niedrigsten Stufe durchmixen oder von Hand verkneten, bis ein fester Teig entsteht. Den Teig in Frischhaltefolie wickeln und 30 Minuten im Kühlschrank ruhen lassen.

2. Den Grill auf 150 °C erhitzen. Den Kürbis der Länge nach aufschneiden und die Kerne und Fasern entfernen. Die beiden ungeschälten Kürbishälften in etwa 60 Minuten gar grillen, anschließend etwas abkühlen lassen. Den gegrillten Kürbis samt der Schale in einen Mixer geben. Die restlichen Zutaten der Füllung zugeben und alles zu einem feinen Püree mixen.

3. Die Temperatur des Grills auf 180 °C erhöhen. Den Teig zu einem Kreis ausrollen, der etwas größer als eine Tarteform mit 28 cm Durchmesser ist. Die gefettete Tarteform mit dem Teig auskleiden. Die Kürbisfüllung auf den Boden geben und glatt streichen. Die Kürbistarte in etwa 90 Minuten unter geschlossenem Deckel bei indirekter Hitze grillen. Die Tarte in der Form auf einem Grillrost abkühlen lassen. Die Tarte in Stücke schneiden. Jedes Stück mit einem ordentlichen Klecks Crème fraîche und gerösteten Pistazien servieren.

HÜHNCHEN-
FAJITAS

FÜR 4 PERSONEN ALS HAUPTSPEISE
ZUBEREITUNG: 45 MINUTEN
SCHWIERIGKEIT: ❶ ❍ ❍

3 Hähnchenbrustfilets (à 150 g)
2 rote Paprikaschoten
2 rote Zwiebeln
1 Knoblauchzehe
1 frische rote Chilischote
100 ml Olivenöl
1 Limette
1 TL gemahlener Kreuzkümmel
1 TL mildes Paprikapulver
½ TL getrockneter Oregano
½ TL gemahlener Zimt
¼ Bund Koriander

1. Den Grill auf eine Temperatur von 200 °C vorheizen. Die Hähnchenbrust-filets der Länge nach in dünne Streifen schneiden. Die Paprikaschoten der Länge nach halbieren, den Stielansatz, die Samen und alle Scheide-wände entfernen. Die Paprikahälften in lange, dünne Streifen schneiden. Die Zwiebeln schälen und in Ringe schneiden. Die Knoblauchzehe schälen und fein hacken. Die Chilischote fein hacken. Wer es nicht so scharf mag, entfernt die Kerne. Die Hähnchenbruststreifen, die Paprika, die Zwiebeln, den Knoblauch und den Chili in eine Schüssel geben und vermengen.

2. Für die Marinade das Olivenöl, den Limettensaft, den Kreuzkümmel, das Paprikapulver, den Oregano, den Zimt sowie 1 Prise Salz verrühren. Die Marinade über das Fleisch geben und gut durchmengen. Das Fleisch 15 Minuten marinieren.

3. Rechtzeitig eine gusseiserne Grillpfanne auf dem vorgeheizten Grill erhit-zen. Das marinierte Fleisch in der Pfanne 8–12 Minuten garen, bis es komplett durchgegart ist. Den Koriander grob hacken und über die Hähn-chenpfanne streuen. Das Fleisch in selbstgebackene Maistortillas füllen und mit Guacamole (siehe Seite 123) servieren.

GERÖSTETE GUACAMOLE

FÜR 4–6 PERSONEN ALS BEILAGE
ZUBEREITUNG: 30 MINUTEN
SCHWIERIGKEIT: ✪✪✪

3 Tomaten
Olivenöl zum Bestreichen
1 frische rote Chilischote
½ rote Zwiebel
1 Knoblauchzehe
3 reife Avocados
1 TL gemahlener Kreuzkümmel
¼ Bund Koriander
1 Limette
Salz
frisch gemahlener schwarzer Pfeffer

Den Grill auf eine Temperatur von 220 °C vorheizen. Die Tomaten in Scheiben schneiden und dünn mit Olivenöl bestreichen. Die Tomatenscheiben und die ganze Chilischote auf beiden Seiten 4–5 Minuten rösten. Die gerösteten Tomaten leicht abkühlen lassen, dann in Würfel schneiden. Die Chilischote der Länge nach aufschneiden, von den Samen befreien und ebenfalls fein würfeln. Tomaten und Chili in eine Schüssel geben. Die Zwiebel und die Knoblauchzehe schälen, fein würfeln und über die Tomaten geben. Die Avocado halbieren, den Kern entfernen, das Avocadofruchtfleisch aus der Schalbe heben und in Würfel schneiden. Die Avocadowürfel in die Schüssel geben. Den Schüsselinhalt mit dem gemahlenen Kreuzkümmel bestreuen. Den Koriander fein hacken und darüberstreuen. Den Saft der Limette auspressen und darüberträufeln. Alles vermengen und die Guacamole mit Salz und Pfeffer abschmecken.

MAISTORTILLAS

FÜR 4–6 PERSONEN ALS BEILAGE
ZUBEREITUNG: 45 MINUTEN
SCHWIERIGKEIT: ✪✪✪

250 g Masa Harina (Tortilla-Maismehl)
125 ml lauwarmes Wasser
Salz
etwas Maismehl für die Arbeitsfläche

Mit handelsüblichem Maismehl aus dem Supermarkt funktioniert das Rezept leider nicht. Bitte nur Masa Harina verwenden.

1. Den Grill auf eine Temperatur von 220 °C vorheizen. Einen Pizzastein auf den Grill legen. Das Masa Harina in eine Schüssel geben. Das Wasser und 1 Prise Salz zugeben und das Gemisch mit den Händen zu einem glatten Teig verkneten. (Wenn der Teig klebt, etwas Masa Harina zufügen.) Mit Frischhaltefolie bedecken und 15 Minuten ruhen lassen.

2. Von dem Teig Portionen von 25–30 g abnehmen und diese zu Kugeln formen. Jede Teigkugel zwischen 2 Lagen Backpapier in einer Tortilla-Presse flachdrücken. (Alternativ zwischen 2 Lagen Backpapier legen und mit einem Topf zu einem dünnen Kreis von ca. 13–15 cm Durchmesser flach drücken.)

3. Etwas Maismehl auf den Pizzastein streuen. Die Tortillas auf dem Stein nacheinander von jeder Seite 1 Minute backen. Die gebackenen Maistortillas aufeinanderstapeln und mit Frischhaltefolie bedecken, damit sie nicht austrocknen.

QUESADILLAS

FÜR 6 PERSONEN ALS VORSPEISE
ZUBEREITUNG: 45–60 MINUTEN
SCHWIERIGKEIT: ✪ ✪ ✪

---

2 rote Paprikaschoten
1 gegarter Maiskolben
¼ Bund glatte Petersilie
6 große, weiche Maistortillas
    (siehe Seite 123)
125 g Crème fraîche
150 g geriebener Cheddar oder
    Gouda
150 g Guacamole (siehe Seite 123)

1. Den Grill auf eine Temperatur von 200 °C vorheizen. Die Paprikaschoten auf den heißen Grillrost legen und rundherum rösten, bis die Schale schwarz ist. Die Paprikaschoten vom Grill nehmen und abkühlen lassen. Die Schale abziehen, die Stielansätze und Samen entfernen. Die geschälten Paprikafilets in Streifen schneiden.

2. Auf den Grill eine gusseiserne glatte Grillplatte (»Griddle«) setzen oder rechtzeitig einen Pizzastein vorheizen. Die Maiskörner vom Maiskolben schneiden und die Petersilie fein hacken. Die Maisortillas mit der Crème fraîche bestreichen, dabei rundherum einen 1 cm breiten Rand frei lassen. Auf die jeweils untere Hälfte der bestrichenen Tortillas den geriebenen Käse, die Paprikastreifen, die Maiskörner und die gehackte Petersilie verteilen. Die freie Hälfte über die Füllung klappen und leicht festdrücken, sodass Halbmonde entstehen. Die gefüllten Tortillas auf die heiße Grillplatte legen und von beiden Seiten jeweils 4 Minuten backen, bis der Käse schmilzt.

3. Die Quesadillas vom Grill nehmen und halbieren, sodass Viertel entstehen. Dazu eine Tomatensalsa servieren.

PUERCO PIBIL

FÜR 8 PERSONEN ALS HAUPTSPEISE
ZUBEREITUNG: 10,5–12 STUNDEN
SCHWIERIGKEIT: ✪ ✪ ✪

FÜR DAS FLEISCH

2,5 kg ausgelöste Schweineschulter
(am Stück, ohne Schwarte, alternativ
Schweinenacken)
4 große Bananenblätter

FÜR DIE GEWÜRZPASTE

5 EL fein gemahlene Annattosamen
(Achiote)
2 EL gemahlener Kreuzkümmel
2 TL gemahlener Piment
2 TL gemahlene Gewürznelken
1 EL frisch gemahlener schwarzer
Pfeffer
1,5 EL Salz
2 EL Knoblauchpüree
75 ml frischer Orangensaft
50 ml frisch gepresster Limettensaft
fein geriebene Schale und Saft von
1 unbehandelten Zitrone
1 Schuss Tequila

1. In die Ober- und die Unterseite des Fleischs im Abstand von 5 cm ein Gitter schneiden. Jeder Schnitt soll 2 cm tief sein. Die Zutaten für die Gewürzpaste in eine Schüssel geben und vermengen. Das Schweinefleisch von allen Seiten damit einreiben. Das Fleisch in die Bananenblätter wickeln und in Alufolie einwickeln. Vorsichtig einige Löcher in die Oberseite der Folie stechen, sodass die Hitze entweichen kann – dabei das Bananenblatt nicht anstechen.

2. Den Grill auf eine Temperatur von 120 °C vorheizen. Das Fleischpäckchen auf den Grill legen und unter geschlossenem Grilldeckel mindestens 10–12 Stunden garen. Die Kerntemperatur des Fleischs sollte mindestens 90 °C betragen und das Fleisch soll so zart sein, dass es von alleine zerfällt.

3. Das Päckchen vom Grill nehmen und auf eine Platte setzen. Die Alufolie entfernen. Die Bananenblätter rundherum mit einer Schere einschneiden und den so entstandenen Deckel abnehmen. Das zarte Fleisch mit 2 Gabeln in grobe Stücke zerpflücken. Das Fleisch auf Maistortillas (siehe Seite 123) geben. Dazu passen rote Zwiebelringe.

SÜD-
AMERIKA
UND
KARIBIK

Die Geburtsstätte des »barbacoa« liegt in der Karibik. Von dort und von den südamerikanischen Nachbarländern kommen Grillrezepte, wie sie ursprünglicher kaum sein könnten: Hier wird nicht nur Fleisch groß geschrieben, nein, hier bietet sich die ganze mittel- und südamerikanische Fülle an Steaks, Geflügel, Krustentieren, exotischen Früchten und noch vielem mehr dar. Seien Sie Entdecker und entdecken unbekannte Gewürze. Seien Sie Eroberer und erobern Sie Ihren Grill ganz neu!

GEGRILLTER SALAT

FÜR 4 PERSONEN ALS VORSPEISE ODER BEILAGE
ZUBEREITUNG: 15 MINUTEN
SCHWIERIGKEIT: ✪ ✪ ✪

4 Romana-Salatherzen
Saft von ½ Orange
8 EL Sonnenblumenöl
½ EL frischer Oregano, gehackt
1 EL scharfer Senf
frisch gemahlener Pfeffer
Salz

1. Den Grill auf 200 °C vorheizen. Die Romanaherzen längs in Viertel schneiden, den Strunk dabei nicht entfernen. Die Salatherzen-Viertel auf beiden Schnittseiten jeweils 2 Minuten auf einem gusseisernen Rost grillen. Der Salat sollte goldbraun karamellisiert und an den Außenblättern leicht knusprig sein, was schöne Röstaromen erzeugt.

2. Für die Vinaigrette den Orangensaft, das Sonnenblumenöl, den Oregano und den Senf verrühren und mit frisch gemahlenem Pfeffer und Salz abschmecken.

3. Den Salat vom Grill nehmen, mit der Vinaigrette beträufeln und mit frisch gemahlenem Pfeffer und Salz würzen. Den gegrillten Salat warm servieren.

MATAMBRE

FÜR 6 PERSONEN ALS HAUPTSPEISE
ZUBEREITUNG: 4 STUNDEN
SCHWIERIGKEIT: ✪ ✪ ✪

FÜR DAS FLEISCH
1,5 kg Bavette (Flanksteak vom Rind)
Salz
frisch gemahlener Pfeffer
Olivenöl zum Bepinseln und Anbraten

FÜR DIE FÜLLUNG
1 rote Paprikaschote
1 große Zwiebel
4 Eier
50 g frische Spinatblätter, gewaschen
4 dünne Scheiben geräucherter Bacon
  (Frühstücksspeck)
200 g Provolone (italienischer
  Schnittkäse), in Scheiben geschnitten
6 junge Bundmöhren, geschält
10 grüne Oliven, entsteint und halbiert
1 TL Chiliflocken

FÜR DIE SAUCE
700 ml Rotwein (Malbec)
1 Zwiebel, geschält und grob
  geschnitten
5 Knoblauchzehen, geschält
  und halbiert
2 reife Tomaten, gewürfelt
5 Zweige Thymian
5 Zweige Oregano
3 Lorbeerblätter
2 Gewürznelken
Salz

1. Einen Holzkohlegrill rechtzeitig vorheizen. Die Paprikaschote und die Zwiebel direkt in den glühenden Kohlen rundherum rösten, bis sie sehr dunkel, fast schwarz gefärbt sind. (Die Zwiebel braucht etwas länger als die Paprikaschote.) Die verbrannte Schale der Paprikaschote abziehen. Das Paprikafruchtfleisch in lange, dünne Streifen schneiden. Die verbrannte Schale der Zwiebel entfernen und die Zwiebel in Spalten schneiden. Die Eier kochen, schälen und in 6 gleich große Teile schneiden.

2. Das Fleisch mit der Faserrichtung nach vorne auf ein Schneidebrett legen. Einen Schmetterlingsschnitt entlang der Faser schneiden, sodass das Fleisch wie ein Buch aufklappt. Anschließend vorsichtig plattieren. Das Fleisch rundherum mit Olivenöl bepinseln und mit frisch gemahlenem Pfeffer und Salz würzen. Die frischen Spinatblätter über die gesamte Oberfläche des Fleischs verteilen. Die Speckscheiben darauflegen und mit dem Käse belegen. Die Karotten der Länge nach und entlang der Fleischfaser im Abstand von etwa 5 cm auf das Fleisch legen. Die Eierstücke, die Paprikastreifen, die gerösteten Zwiebelspalten und die Oliven zwischen die Karotten legen. Die Füllung mit Chiliflocken bestreuen. Das Fleisch vorsichtig über die Füllung hinweg zusammenrollen. Das Fleisch mit Küchengarn wie einen Rollbraten zusammenbinden und gut verknoten. Den (gusseisernen) Grillrost auf maximale Wärme erhitzen und das Fleisch an drei Seiten je 1 Minute scharf anrösten.

3. Zwischenzeitlich einen »Dutch Oven« (verschließbarer Feuertopf aus Gusseisen) auf mittlerer Hitze vorheizen. Etwas Olivenöl zugeben. Das gefüllte, kurz angegrillte Fleisch in das heiße Öl legen und von allen Seiten 5–7 Minuten braun anbraten. Den Wein in den »Dutch Oven« gießen und ausreichend Wasser hinzufügen, bis das Fleisch fast gänzlich bedeckt ist. Den Knoblauch, die gehackte Zwiebel, die Tomaten, die Kräuterzweige und die Gewürznelken hinzufügen. Den Deckel auf den »Dutch Oven« legen und den Inhalt bei niedriger Hitze sanft vor sich hinköcheln lassen, bis das Fleisch nach etwa 90 Minuten sehr zart ist. Die Sauce mit Salz abschmecken. Das Matambre aus der Sauce nehmen und 20 Minuten zugedeckt ruhen lassen. Danach in etwa 2 cm dicke Scheiben schneiden.

PICANHA

FÜR 6 PERSONEN ALS HAUPTSPEISE
ZUBEREITUNG: 90 MINUTEN
SCHWIERIGKEIT: ✪✪✪

---

1 argentinische Picanha oder
US-Tafelspitz (Hüftdeckel vom Rind
mit Fettschicht), ca. 1,3 kg
2 EL grobes Meersalz

1. Einen Holzkohlen- oder einen Gasgrill so erhitzen, dass ein Drittel der Fläche heiß ist und die übrigen zwei Drittel nur indirekter Hitze ausgesetzt sind. Die Fettschicht so beschneiden, dass sie nicht dicker als 1 cm ist. Die abgeschnittenen Stücke aufbewahren. Ein wenig Salz auf die abgeschnittenen Fettstücke geben und diese in kleine Würfel schneiden. In einem »skillet« (Grillbratpfanne) bei geringer Hitze ausbacken. Die Fettschicht der Picanha rautenförmig einschneiden, dabei darauf aufpassen, dass diese nicht durchschnitten wird. Das Fleisch mit der Fettschicht nach unten für 1–3 Minuten auf den Grill legen, bis das Fett zu schmelzen beginnt und eine goldbraune Farbe annimmt. Das Fleisch während dieses Vorgangs über den Flammen bewegen – aber nicht in die Flammen! Das Fleisch vom Grill nehmen und die Fettschicht großzügig mit Meersalz bestreuen und dieses in die Fettschicht einmassieren. Das Fleisch 5 Minuten ruhen lassen, damit das Salz im Fettmantel schmelzen kann. Anschließend das übrige Salz abreiben. Die Picanha mit der Fettschicht nach oben auf die indirekte Zone des Grills legen. Die Temperatur auf der indirekten Zone sollte zwischen 120 °C und 140 °C betragen.

2. Das Fleisch unter geschlossenem Deckel 45–60 Minuten garen (die genaue Dauer ist abhängig von der tatsächlichen Temperatur und von der Stärke des Fleischs). Am besten schmeckt es, wenn es »medium rare« bis »medium« gegart ist (die Kerntemperatur liegt dann zwischen 55 °C und 58 °C). Auch »medium well« schmeckt das Fleisch gut. Die fertig gegarte Picanha in Scheiben schneiden und mit den ausgelassenen Speckwürfeln servieren.

Das Gericht schmeckt besonders gut mit Chimichurri-Sauce, Süßkartoffeln und Salat.

PICANHA-SPIESSE (RODIZIO)

FÜR 6 PERSONEN ALS HAUPTSPEISE
ZUBEREITUNG: 90 MINUTEN
SCHWIERIGKEIT: ✪✪✪

1,3 kg Picanha oder US-Tafelspitz am Stück (Hüftdeckel vom Rind mit Fettschicht)
5 EL grobes Meersalz

1. Den Fettrand des Fleischs rautenförmig bis zur Muskelfaser einschneiden, aber nicht durchschneiden. Den eingeschnittenen Fettrand großzügig mit grobem Meersalz bestreuen. Das Salz sorgfältig in das Fett einmassieren. Das Fleisch kurz an einer warmen Stelle ruhen lassen, vorzugsweise in der Nähe des Grills. Das überflüssige Salz abstreifen und das Fleisch in dicke, breite Scheiben (ca. 6–7 cm) schneiden. (Achtung: Das Fleisch quer zur Faser schneiden.) Die Fleischstücke der Länge nach wellentörmig auf einen langen Metallspieß stecken, sodass der Fettdeckel auf beiden Seiten mit dem Spieß durchstochen ist.

2. Den Picanha-Spieß 50–60 Minuten grillen. Dabei nach Möglichkeit den Heckbrenner des (Gas-)Grills verwenden. Das Fleisch kann im Prinzip »rare« verspeist werden (bei einer Kerntemperatur von 49 °C). Am leckersten jedoch ist es »medium« bis »medium well« (58 °C–62 °C). Den Spieß mit dem fertig gegarten Fleisch vom Grill nehmen. Das Fleisch in dünne Scheiben schneiden, sodass jede Tranche ein kleines Stück Fett hat.

AJÍ-SALSA

FÜR 4 PERSONEN ALS BEILAGE
ZUBEREITUNG: 15 MINUTEN
SCHWIERIGKEIT: ✪✪✪

4 reife Tomaten
3 Frühlingszwiebeln
1 grüne Chilischote
½ Bund frischer Koriander
1 EL Meersalz
100 ml Wasser

Die Tomaten vom Strunk befreien und in Würfel von 1,5 cm Kantenlänge schneiden. Die Frühlingszwiebeln in dünne Ringe schneiden. Den Koriander feinhacken. Die Chilischote von den Samen befreien und in kleine Stücke schneiden. Alle Zutaten in eine kleine Schüssel geben. Das Meersalz drüberstreuen und 5 Minuten stehen lassen. Das Wasser hinzufügen und gut verrühren.

LOMO AL TRAPO

FÜR 6 PERSONEN ALS HAUPTSPEISE
ZUBEREITUNG: 50 MINUTEN
SCHWIERIGKEIT: ✪✪✪

1 Tenderloin am Stück (Rinderfilet
    vom Mittelstück, ca. 1,2–1,5 kg)
500–750 g grobes Meersalz
¼ Bund Thymian
1 Zweig Rosmarin
75 ml Branntwein oder Cognac

1. Den Kohlebehälter eines Holzkohlengrills vollständig mit Holzkohle füllen, diese anzünden und anfachen, bis sie glüht. Dabei den Grilldeckel offen lassen. Ein sauberes, robustes Baumwoll-Geschirrtuch auf einer Arbeitsfläche ausbreiten. Das Meersalz etwa 1,5 cm dick in einem Rechteck von 30 cm x 35 cm auf dem Geschirrtuch ausbreiten. Die Thymianblättchen und die Rosmarinnadeln auf dem Salzbett verteilen. Das Rinderfilet auf das vorbereitete Salzbett legen und das Tuch zusammenrollen, dabei die Seiten nach innen schlagen (wie bei einer Frühlingsrolle). Das gesamte Bündel mit Küchengarn fest zusammenbinden und verknoten (wie bei einem Rollbraten).

2. Das Rinderfilet im Tuch vorsichtig auf die glühenden Kohlen legen. Nach 9 Minuten wenden und weitere 7 Minuten garen. Anschließend das Bündel aus den Kohlen nehmen und auf der Seite 1 Minute ruhen lassen. Das verbrannte Tuch entfernen. Mit der Rückseite eines Kochmessers die Salzkruste vom Fleisch abschlagen. Das überflüssige Meersalz vom Fleisch kratzen. Das Fleisch auf ein hitzefestes Schneidebrett (aus Holz, Metall oder Stein) legen. Den Branntwein bzw. Cognac in eine kleine Edelstahlpfanne gießen. Die Flüssigkeit kurz erhitzen. Ab jetzt dafür sorgen, dass jeder Gast Zeuge des Schauspiels wird: Mit einem langen Streichholz den Alkohol in der Pfanne entzünden. Den brennenden Alkohol sofort über das Fleisch gießen und dieses flambieren. Die Flammen von allein erlöschen lassen. Das flambierte Rinderfilet in Medaillons schneiden und mit Ají-Salsa servieren.

SKIRT STEAK TORTILLAS

FÜR 8 PERSONEN ALS HAUPTSPEISE
ZUBEREITUNG: 30 MINUTEN
MARINIEREN: 3 STUNDEN
SCHWIERIGKEIT: ❂❂❂

FÜR DIE MARINADE

2 getrocknete Poblano-Chilis,
   von den Samen befreit
2 getrocknete rote Chilischoten,
   von den Samen befreit
2 getrocknete Chipotle-Chilischoten
   (geräucherte Jalapeño-Chilischoten)
½ rote Paprikaschote
150 ml frischer Orangensaft
frisch gepresster Saft von 2 Limetten
50 ml Sojasauce
2 EL Olivenöl
5 Knoblauchzehen, geschält
2 EL Kreuzkümmelsamen
1 EL Koriandersamen
2 EL brauner Zucker
1 Prise Salz

FÜR DIE STEAKS

2 US-Skirt-Steaks (Saumfleisch
   bzw. Zwerchfellstück vom US-Rind,
   à ca. 750 g)
Salz
8 Maistortillas
1 reife Avocado, in Spalten
   geschnitten
½ Bund frischer Koriander,
   fein gehackt
2 rote Zwiebeln, fein gewürfelt

1. Alle Zutaten für die Marinade in einen Mixer geben und gut durchmixen. Diese Marinade in eine flache Schüssel geben. Die Steaks auf beiden Seiten großzügig mit Salz bestreuen und 3 Stunden lang in die Marinade legen.

2. Den Grill auf eine Temperatur von 300 °C erhitzen. Das Fleisch aus der Marinade nehmen und trocken tupfen. Den Rest der Marinade in eine Stahlpfanne oder ein »Skillet« geben und zum Kochen bringen. Die Marinade 3 Minuten kochen lassen, dann in ein Gefäß umfüllen und abkühlen lassen. Die Steaks auf jeder Seite 4 Minuten grillen. Die Maistortillas (siehe Seite 123) leicht erwärmen.

3. Das Fleisch in dünne Scheiben schneiden und diese mittig auf die Maistortillas legen. Einige Avocadoscheiben, etwas gehackten Koriander und einige rote Zwiebelwürfel darübergeben und mit etwas Marinade beträufeln. Die gefüllten Maistortillas zu Halbmonden zusammenklappen und sofort servieren.

HUMMER MIT CHILI-ÖL

FÜR 4 PERSONEN ALS HAUPTSPEISE
ZUBEREITUNG: 75 MINUTEN
SCHWIERIGKEIT: ✪ ✪ ✪

---

250 ml Sonnenblumenöl
Salz
1 rote Chilischote
2 Knoblauchzehen
½ Bund Petersilie, fein gehackt
½ Zitrone
frisch gemahlener Pfeffer
2 große lebende Hummer à ca. 700 g

1. Für das Chili-Knoblauch-Öl das Sonnenblumenöl in eine Edelstahlpfanne mit Stahlgriff gießen und 1 Prise Salz hinzufügen. Die Chilischote von den Samen befreien und in dünne Ringe schneiden. Die Knoblauchzehen schälen und fein hacken. Den Knoblauch und die Chiliringe in das Sonnenblumenöl geben. Das Öl sehr langsam über dem Grillrost oder auf dem Seitenbrenner erhitzen und 30 Minuten darauf stehen lassen.

2. Rechtzeitig 10 l Wasser in einem großen Topf zum Kochen bringen. Die Hummer sofort kopfüber in das sprudelnd kochende Wasser gleiten lassen und exakt 2 Minuten kochen. Die gekochten Hummer aus dem Topf nehmen und ganz kurz abkühlen lassen. Den Kopf jedes Hummers vom Rumpf abtrennen, dabei beide Körperteile in entgegengesetzte Richtung drehen. Die Beine ebenfalls durch Drehen vom Körper abtrennen. Die Scheren aufbrechen. Das funktioniert am besten, indem man mit dem Griffende eines großen Messers mehrmals auf die Scheren schlägt. Die Karkassen abziehen, ähnlich wie beim Pellen eines gekochten Eis. Das Scherenfleisch auf eine eingefettete, perforierte Grillunterlage legen. Die Köpfe und die Beine entweder entsorgen oder für die Zubereitung eines Fonds verwenden. Die Hummer auf den Rücken legen und die Panzer der Bauchseite mit einer Geflügelschere aufschneiden. Mit einem Satéspieß an der Oberseite des Panzers vorbei in die Schwänze stechen, damit die Schwänze sich nicht aufrollen. Das Fleisch in den Panzern lassen.

3. Die Hummer auf den Grillrost legen und auf jeder Seite 2–3 Minuten grillen. Dabei mit der Fleischseite nach unten beginnen, anschließend auf die Panzerseite wenden. Während der letzten 3 Minuten die Grillunterlage mit dem Scherenfleisch auf den Rost legen und das Fleisch nach 1 Minute wenden. Alles vom Grill nehmen und das Hummerfleisch auf einem Teller anrichten, mit dem Chili-Knoblauch-Öl beträufeln und mit etwas feingehackter Petersilie bestreuen. Die halbe Zitrone über dem Hummerfleisch ausdrücken und alles mit etwas frisch gemahlenem Pfeffer und Salz würzen.

GEGRILLTER HUMMER MIT MANGO-APRIKOSEN-SALSA

FÜR 4 PERSONEN ALS HAUPTSPEISE
ZUBEREITUNG: 30 MINUTEN
SCHWIERIGKEIT: ✪ ✪ ✪

1 Mango
4 Aprikosen
1 frische rote Chilischote
1 unbehandelte Limette
etwas gemahlener Kreuzkümmel
etwas fein gehackter Oregano
frisch gemahlener schwarzer Pfeffer
Salz
2 lebende Hummer (à 500 g)
etwas neutrales Pflanzenöl

1. Einen Grill auf 220 °C vorheizen. Für die Mango-Aprikosen-Salsa die Mango schälen, das Fruchtfleisch vom Stein schneiden und in kleine Würfel schneiden. Die Aprikosen entsteinen und in kleine Würfel schneiden. Die rote Chilischote in hauchdünne Ringe schneiden. Wer es scharf mag, lässt ein paar Samen in der Schote, wer es nicht so scharf mag, entfernt alle Samen. Die Mangowürfel, die Aprikosenwürfel und die Chiliringe in einer Schüssel vermengen. Die Schale der Limette fein reiben und zugeben. Mit gemahlenem Kreuzkümmel, Oregano und frisch gemahlenem schwarzen Pfeffer abschmecken.

2. Rechtzeitig 10 l Wasser in einem großen Topf zum Kochen bringen. Die lebenden Hummer kopfüber in das sprudelnd kochende Wasser gleiten lassen und 3 Minuten kochen. Die gekochten Hummer aus dem Topf nehmen und eventuell ganz kurz abkühlen lassen. Die gekochten Hummer säubern. Die Scheren nicht abtrennen. Die Hummer auf den Rücken legen und der Länge nach mit einem großen, scharfen Messer in je zwei Hälften trennen. Das Hummerfleisch mit etwas Pflanzenöl bepinseln und die Hummer in den Panzern auf den Grill legen und fertig garen. Die gegrillten Hummer mit Salz würzen. Die kalte Mango-Aprikosen-Salsa darübergeben, dann sofort servieren.

PICADILLO-HÄHNCHEN

FÜR 4 PERSONEN ALS HAUPTSPEISE
ZUBEREITUNG: 45 MINUTEN
SCHWIERIGKEIT: ✪✪✪

FÜR DIE GEWÜRZMISCHUNG

3 TL gemahlene Koriandersamen
3 TL gemahlener Kreuzkümmel
3 TL Annattopulver (gemahlene
  Samen des Orleansstrauchs)
3 TL Knoblauchpulver
2 TL getrockneter Oregano
1 ½ TL schwarzer Pfeffer
1 ½ TL Salz

FÜR DAS FLEISCH

4 ganze küchenfertige Hähnchenkeulen à 250 g
Olivenöl
1 kleine Zwiebel, in feine Würfel
  geschnitten
1 grüne Paprikaschote, geröstet
  und in feine Würfel geschnitten
2 Knoblauchzehen, gepresst
1 Dose passierte Tomaten (400 g)
1 kleine Dose Tomatenmark (70 g)
70 ml trockener Weißwein
4 EL eingelegte grüne Oliven
  (mit Paprikapaste gefüllt),
  in Scheiben geschnitten
1 Handvoll Rosinen
Salz

1. Alle Zutaten für die Gewürzmischung in eine Schüssel geben und vermengen. Die Hähnchenkeulen mit etwas Olivenöl bepinseln und mit der Hälfte der Gewürzmischung einreiben. Die Hähnchenkeulen bei mittlerer Hitze (180 °C) 12– 15 Minuten pro Seite grillen.

2. In der Zwischenzeit 3 EL Olivenöl bei mittlerer Hitze in einer großen Pfanne (»Skillet«) auf dem Grillrost oder auf dem Seitenbrenner erhitzen. Die Zwiebeln, die Paprika und den Knoblauch zugeben und anschwitzen, bis die Zwiebeln glasig sind. Dann den Rest der Gewürzmischung hinzufügen.

3. Die passierten Tomaten, das Tomatenmark, den Weißwein, die Oliven und die Rosinen zugeben und 15 Minuten mitköcheln lassen. Die Sauce je nach Geschmack mit Salz abschmecken. Die Hähnchenkeulen anrichten und die Sauce darübergeben. Mit weißem Reis, schwarzen Bohnen und Kochbanane servieren.

TOURNEDOS
MIT ZUCKERROHR UND MANGO-CHUTNEY

FÜR 4 PERSONEN ALS HAUPTSPEISE
ZUBEREITUNG: 90 MINUTEN
SCHWIERIGKEIT: ✪✪✪

FÜR DAS MANGO-CHUTNEY

1 Mango
½ rote Chilischote
1 große Zwiebel
1 Knoblauchzehe
1 Stück frischer Ingwer (ca. 2 cm)
Olivenöl zum Anbraten
1 Gewürznelke
150 g Zucker
1 EL Zitronensaft

FÜR DAS FLEISCH

4 Tournedos à 180 g
   (Rinderfiletsteaks)
1 Stück frischer Zuckerrohr (20 cm)
frisch gemahlener Pfeffer
Salz

1. Die Mango schälen, das Fruchtfleisch vom Stein lösen und in kleine Würfel schneiden. Die Chilischote von den Samen befreien und in dünne Ringe schneiden. Die Zwiebel, den Knoblauch und den Ingwer schälen und fein hacken. Etwas Olivenöl in eine Edelstahlpfanne geben und diese auf dem Grillrost oder dem Seitenbrenner des Grills erhitzen. Die Mango, die Zwiebel und den Knoblauch darin anbraten. Nach 10 Minuten die Chiliringe, die Gewürznelke und den Ingwer hinzufügen und den Pfanneninhalt 30 Minuten leise köcheln lassen. Den Zucker hinzufügen und das Chutney weitere 10 Minuten köcheln lassen. Dann die Pfanne vom Grill nehmen und das Chutney mit Zitronensaft abschmecken.

2. Das Zuckerrohr längs in 4 gleich große Stücke schneiden. (Das gelingt am besten mit einer Säge.) Mit einem Messer die harte, schützende Außenschicht vom Rohr schaben. Das geschälte Zuckerrohr längs in 3 mm dünne Streifen schneiden.

3. Die Tournedos mit frisch gemahlenem Pfeffer und Salz würzen. Jedes Steak rundherum mit Zuckerrohrstreifen einwickeln. Die so entstandenen Päckchen fest mit Küchengarn zusammenbinden. Die Filetpäckchen bei starker Hitze auf jeder Seite 4–5 Minuten grillen, anschließend auf einen Warmhalterost legen und weitere 5 Minuten durchziehen lassen. Das Küchengarn entfernen und die Zuckerrohr-Tournedos mit dem Mango-Chutney servieren.

AM SPIESS GEGRILLTE ANANAS MIT RUMBUTTER

FÜR 6 PERSONEN ALS NACHSPEISE
ZUBEREITUNG: 90 MINUTEN
SCHWIERIGKEIT: ✪ ✪ ✪

1 große reife Ananas
etwas Sonnenblumenöl
400 g ungesalzene Butter
400 g brauner Rohrzucker
3 Limetten
1 Schuss brauner Rum
250 g geschlagene Sahne
Vanilleeis zum Servieren

1. Einen Grill mit Heckbrenner oder einen Grill mit Spießvorrichtung erhitzen. Den Blattansatz und die Unterseite der Ananas mit einem großen, scharfen Messer großzügig abschneiden. Die Ananas hochkant auf ein Schneidebrett stellen. Die Schale von oben nach unten dünn abschneiden. Die Augen (das sind die holzigen Anteile des Fruchtfleischs mit den Samen) verlaufen diagonal auf der Frucht. Entlang der diagonalen Augenlinie mit einem kleinen spitzen Messer eine v-förmige Vertiefung in das Fruchtfleisch schneiden und die holzigen Augen heraustrennen. Die Ananas dabei nicht zerteilen – so entsteht ein dekoratives Spiralmuster. Die Ananas mit wenig Sonnenblumenöl einpinseln, dann durch den Strunk hindurch auf einen langen Spieß stecken und diesen vor dem Heckbrenner des Grills rotieren lassen.

2. In einer Pfanne oder auf dem Seitenbrenner eines Grills die Butter zusammen mit dem braunen Zucker schmelzen. Den Saft der Limetten mit dem Rum vermengen und in das Butter-Zucker-Gemisch rühren. Die Rumbutter 10 Minuten leise köcheln lassen.

3. Die Ananas anschließend im Abstand von 5 Minuten rundherum mit der Rumbutter bepinseln. Die Ananas nach 45 Minuten vom Spieß nehmen und in Stücke oder Streifen schneiden. Die Schlagsahne in den Rest der Rumbutter rühren. Die Ananas mit der Rum-Butter-Sahne sowie einer Kugel Eis servieren.

JERK-CHICKEN

FÜR 4 PERSONEN ALS HAUPTSPEISE
ZUBEREITUNG: 75 MINUTEN, MARINIEREN: 12 STUNDEN
SCHWIERIGKEIT: ✪✪✪

FÜR DIE GEWÜRZPASTE

2 Schalotten, geschält
4 frische Surinam-Chilischoten
    »Madame Jeannette« (gelbe
    Habañero-Chilisorte), geputzt
1 Stück frischer Ingwer (3 cm),
    geschält und grob gehackt
½ Knoblauchknolle, geschält
1 EL gemahlener Piment
1 EL frische Zitronenthymianblättchen
1 TL frisch geriebene Muskatnuss
1 Msp. gemahlener Zimt
2,5 EL heller Rohrzucker
Schalenabrieb und Saft von
    4 unbehandelte Limetten
125 ml Sojasauce
4 EL Olivenöl
1 EL grobes Meersalz
10 schwarze Pfefferkörner
3 Gewürznelken

FÜR DAS HÄHNCHEN

2 kleine Bio-Hähnchen (à ca. 1 kg)
20 g getrocknete Pimentkörner,
    in Wasser eingeweicht
1 Handvoll getrocknete Lorbeerblätter,
    in Wasser eingeweicht
20 Zweige frischer Lorbeer

1. Alle Zutaten für die Gewürzpaste in einen Standmixer geben und zu einer cremigen Paste mixen. Die Hähnchen mit einer Geflügelschere entlang des Rückgrats aufschneiden und zu je einem Schmetterling aufklappen. Die Hähnchen anschließend mit der Gewürzpaste einreiben, in tiefe Schalen legen, diese bedecken und die Hähnchen 12 Stunden im Kühlschrank marinieren lassen. Nach der Marinierzeit überschüssige Marinade von den Hähnchen abtropfen lassen.

2. Einen Holzkohle- oder Gasgrill so erhitzen, dass ein Drittel der Oberfläche direkter Hitze und der Rest lediglich indirekter Hitze ausgesetzt ist. In der indirekten Zone sollte konstant eine Temperatur von 170 °C–175 °C herrschen. Aus einem Stück Aluminiumfolie eine kleine Tasche (Briefchen) falten. Die eingeweichten Pimentkörner und die eingeweichten Lorbeerblätter hineinlegen. Die Tasche durch Umklappen der Öffnung verschließen. An der Oberseite mit einer Nadel einige Löcher in die Alutasche stechen. Die Alutasche auf die glühenden Kohlen oder auf die Flammenverteiler des Gasherds legen.

3. Den Grillrost über der indirekten Zone mit der Hälfte der Lorbeerzweige auslegen. Die Hähnchen mit der Haut nach oben darauflegen. Den Grilldeckel schließen und die Hähnchen 20 Minuten grillen. Die gegrillten Lorbeerzweige unter den Hähnchen durch die restlichen, noch frischen Zweige ersetzen. Einige Zweige auf die direkte Zone legen. Die Hähnchen um 90 Grad drehen, damit sie gleichmäßig durchgaren, aber nicht auf die Hautseite wenden. Die Hähnchen nach weiteren 20 Minuten vom Lorbeerbett nehmen. Dann mit der Haut nach oben auf die direkte Zone legen. Die Kohlen sollten jetzt weniger Hitze abgeben. Bei Verwendung eines Gasgrills die Temperatur reduzieren.

4. Die Hähnchen 5 Minuten auf der direkten Zone grillen. Anschließend wenden und auf der Haut 5 Minuten direkt über dem Feuer grillen, bis die Haut knusprig und dunkelbraun ist.

AFRIKA

Der schwarze Kontinent hat in puncto Grillrezepte viele Lichtblicke zu bieten: Lassen Sie sich mit hineinnehmen in die ungewöhnliche Verbindung von südafrikanischer und ägyptischer Küche. Spüren Sie den Springböcken der Savanne nach und dem Nilbarsch aus Ägypten. Lassen Sie sich den Gaumen schmeicheln von cremiger Baba Ganoush und genießen Sie einen Guaven-Kuchen mit gerösteter Ananas. Und irgendwo auf Ihrer Wanderung quer durch Afrika stoßen Sie auch auf eines der bestgehüteten Geheimnisse des Kontinents: Die Zutaten der südafrikanischen Bratwurst, der Boerewors.

BABA GANOUSH

FÜR 6 PERSONEN ALS VORSPEISE
ZUBEREITUNG: 90 MINUTEN
SCHWIERIGKEIT: ✪ ✪ ✪

3 Auberginen
2 EL Naturjoghurt
1 ganze Knolle Knoblauch
2 EL Tahin (weiße Sesampaste)
1 TL Kreuzkümmelpulver
3 Zweige Blattpetersilie
1–2 Zitronen
frisch gemahlener Pfeffer
Salz
3 Zweige Koriander

1. Den Grill auf eine Temperatur von 160 °C vorheizen. Die ganzen Auberginen auf den Grillrost legen und 1 Stunde garen, dabei die Auberginen alle zehn Minuten wenden. Nach 15 Minuten die ungeschälte Knoblauchknolle 45 Minuten zu den Auberginen legen und ebenfalls alle 10 Minuten wenden.

2. Die weich gegarten Auberginen vom Grill nehmen und abkühlen lassen, dann das Auberginenfruchtfleisch vorsichtig mit einem Löffel aus der Schale lösen und fein pürieren. Die gegrillten Knoblauchzehen aus der Knolle und den Schalen pressen und zu den Auberginen geben. Den Naturjoghurt, das Tahin und den Kreuzkümmel hinzufügen und das Püree gut vermengen. Die Petersilie fein hacken und untermengen. Die Auberginencreme mit dem Saft von 1–2 Zitronen sowie mit frisch gemahlenem Pfeffer und Salz abschmecken.

3. Kurz vor dem Servieren grob gehackte Korianderblätter über das Baba Ganoush streuen. Mit frisch gebackenem Pide-Brot (siehe Seite 86) servieren.

GEGRILLTES GEMÜSE MIT DUKKAH

FÜR 4 PERSONEN ALS VORSPEISE ODER BEILAGE
ZUBEREITUNG: 30–45 MINUTEN
SCHWIERIGKEIT: ✪ ✪ ✪

FÜR DIE DUKKAH-GEWÜRZ-MISCHUNG

40 g Pistazienkerne
40 g Mandelkerne
40 g Haselnusskerne
1 TL Koriandersamen
1 TL Kreuzkümmelsamen
3 TL weiße Sesamsamen
½ TL schwarze Pfefferkörner
1 TL getrockneter Thymian
1 TL Paprikapulver
½ TL Cayennepfeffer
2 TL grobes Meersalz

FÜR DAS GRILLGEMÜSE

1 Zucchini
1 Aubergine
2 Tomaten
Olivenöl zum Bepinseln

1. Für die Dukkah-Gewürzmischung die Pistazienkerne, die Mandelkerne und die Haselnusskerne in einer trockenen Pfanne (ohne Fettzugabe) anrösten, bis sie leicht braun werden. Anschließend die Koriandersamen, die Kreuzkümmelsamen, die Sesamsamen und die Pfefferkörner hinzufügen und nochmals 1 Minute rösten. Den Pfanneninhalt abkühlen lassen, dann in einem Mörser zerreiben. Anschließend den Thymian, das Paprikapulver, den Cayennepfeffer und das Meersalz zugeben und gut durchmischen.

2. Den Grill auf eine Temperatur von 180 °C erhitzen. Die Zucchini und die Aubergine von den Stielansätzen befreien und in etwa 2 cm lange Stäbchen schneiden. Die Tomaten vom Stielansatz befreien und das Fruchtfleisch in etwa 1 cm dicke Scheiben schneiden. Das Gemüse mit Olivenöl bepinseln, dann in 8–12 Minuten auf dem Grillrost braun grillen. Das gegrillte Gemüse abwechselnd auf einer Servierplatte anrichten, die Dukkah-Gewürzmischung darüberstreuen und sofort servieren.

LINSENSALAT
MIT GERÄUCHERTEM KÄSE

FÜR 4 PERSONEN ALS VORSPEISE
ZUBEREITUNG: 75 MINUTEN
SCHWIERIGKEIT: ✪✪✪

250 g Gebna beida (frischer gesalzener Schafskäse, der dem Feta ähnelt) oder 1 Burrata (Frischkäse, der dem Mozzarella ähnelt)
150 g getrocknete grüne Linsen
Salz
1 Knoblauchzehe
2 Zweige Thymian
100 ml Olivenöl
3 Tomaten
1 rote Zwiebel
100 ml Rotweinessig
½ Bund Basilikum
frisch gemahlener Pfeffer

1. Den Smoker-Grill auf eine Temperatur von 50 °C vorheizen. Die Kohlen vorheizen. 1–2 Handvoll Räucherchips in reichlich Wasser einweichen. Den Käse in eine Grillschale aus Aluminium legen. Die eingeweichten Räucherchips auf die glühenden Kohlen streuen. Die Schale mit dem Käse auf den Grillrost stellen. Den Smoker-Grill mit dem Deckel verschließen. Den Käse darin 25 Minuten räuchern. Sobald der Käse geräuchert ist, den Käse vom Grill nehmen und beiseitestellen.

2. In der Zwischenzeit die Linsen in kaltem Wasser waschen und abtropfen lassen, dann in reichlich Wasser ca. 30 Minuten garen. Erst gegen Ende der Garzeit salzen. Die gegarten Linsen abgießen. Den Knoblauch schälen, fein hacken und zusammen mit den von den Zweigen abgezupften Thymianblättchen und 2–3 EL Olivenöl zu einem Kräuteröl verrühren. Die Tomaten vierteln und mit dem Kräuteröl bepinseln, dann in eine Grillschale aus Aluminium legen.

3. Die Temperatur des Grills auf 150 °C erhöhen. Die Schale mit den Tomaten für 30–40 Minuten auf den Grill stellen. In der Zwischenzeit die rote Zwiebel schälen und in Ringe schneiden. Die Zwiebelringe in den Rotweinessig einlegen. Anschließend die abgetropften, noch leicht warmen Linsen mit den gegrillten Tomaten und dem feingeschnittenen Basilikum in eine Schüssel geben. Die Zwiebelringe aus dem Rotweinessig nehmen und zugeben. Das restliche Olivenöl darübergeben und alles locker vermengen. Den Linsensalat mit frisch gemahlenem Pfeffer, Salz und nach Bedarf mit Rotweinessig abschmecken. Den geräucherten Käse in mittelgroße Stücke teilen und diese über den Linsensalat geben.

GEGRILLTER NILBARSCH MIT ZITRUSFRÜCHTEN UND THYMIAN

FÜR 4 PERSONEN ALS HAUPTSPEISE
ZUBEREITUNG: 30 MINUTEN
SCHWIERIGKEIT: ✪✪✪

2 küchenfertige Nilbarsch-Filets
  (ohne Haut, à ca. 500 g)
1 unbehandelte Orange
1 unbehandelte Zitrone
2 unbehandelte Limetten
1 rote Zwiebel
4 Lorbeerblätter
10 Zweige Thymian
frisch gemahlener Pfeffer
Salz

1. Rechtzeitig einen Grill auf starke Hitze (275 °C) vorheizen. Die Orange, die Zitrone und die Limetten heiß waschen, trocknen und in dünne Scheiben schneiden. Die rote Zwiebel schälen und in dünne Ringe schneiden.

2. Eine große Fischgrillzange öffnen und die Hälfte der Zitrusfruchtscheiben dachziegelartig hineinlegen. Darauf die Hälfte der Zwiebelringe, der Lorbeerblätter und der Thymianzweige verteilen. Die Nilbarschfilets nebeneinander auf das Zitrusfrüchte-Zwiebel-Bett legen und mit frisch gemahlenem Pfeffer und Salz würzen. Die Fischfilets mit den restlichen Zwiebelringen, Lorbeerblättern und Thymianzweigen belegen. Die restlichen Zitrusfruchtscheiben dachziegelartig darauflegen. Die Frischgrillzange zusammenklappen und fest verschließen. Den Fisch bei hoher Temperatur etwa 6 Minuten pro Seite grillen, dann sofort servieren.

HÄHNCHEN-KEBAB
MIT RAS EL-HANOUT

FÜR 4 PERSONEN ALS HAUPTSPEISE
ZUBEREITUNG: 50–60 MINUTEN
MARINIEREN: 1 STUNDE
SCHWIERIGKEIT: ✪✪✪

1 kg Hähnchenkeulen
½ TL Kreuzkümmelsamen
½ TL Koriandersamen
½ TL schwarze Pfefferkörner
½ TL gemahlener Zimt
½ TL gemahlener Kurkuma
½ TL Laos (gemahlene Galgantwurzel)
½ TL scharfes Paprikapulver
2 EL Salz
je nach Geschmack: gemahlener
    Ingwer, gemahlener Kardamom,
    geriebene Muskatnuss, gemahlene
    Gewürznelken, Cayennepfeffer,
    Knoblauchpulver

1. Die Kreuzkümmelsamen, die Koriandersamen und die Pfefferkörner in einer trockenen Pfanne (ohne Fettzugabe) anrösten, bis sie duften. Den gemahlenen Zimt, den gemahlenen Kurkuma, das Laos und das Paprikapulver zugeben und kurz anrösten. Die geröstete Gewürzmischung in einen Mörser füllen und zerstoßen. Das Salz zugeben. Die Gewürzmischung je nach Geschmack mit gemahlenem Ingwer, gemahlenem Kardamom, geriebener Muskatnuss, gemahlenen Gewürznelken, Cayennepfeffer und Knoblauchpulver abschmecken. Das Hähnchenfleisch von den Knochen lösen und in Stücke schneiden. Das Fleisch mit der vorbereiteten Rasel-Hanout-Mischung würzen und 1 Stunde marinieren.

2. Den Grill auf eine Temperatur von 180 °C vorheizen. Die Fleischstücke auf Spieße stecken und diese Kebab-Spieße 10–14 Minuten gar grillen, dabei alle 4 Minuten wenden.

KROKODIL-SPIESSE MIT WÜRZIGER ERDNUSS-SAUCE

FÜR 4 PERSONEN ALS HAUPTSPEISE
ZUBEREITUNG: 45 MINUTEN
MARINIEREN: 1 STUNDE
SCHWIERIGKEIT: ✪ ✪ ✪

FÜR DIE SPIESSE

300 g Krokodil-Filet (in Delikatess-
  geschäften oder im Internethandel
  erhältlich)
300 g Rinderlende
2 Knoblauchzehen
½ rote Chilischote
Saft von 1 Zitrone
2 EL Olivenöl
2 EL Sojasauce

FÜR DIE ERDNUSSSAUCE

2 rote Chilischoten
100 g Cashewkerne, geröstet
200 ml Kokosmilch
3 EL Erdnussbutter
Saft von 1 Limette
50 g geriebener Palmzucker
1 EL Sojasauce
Salz
frisch gemahlener Pfeffer

1. Das Krokodil-Filet und die Rinderlende in 2 cm große Würfel schneiden. Die Fleischwürfel in eine große Schüssel geben. Die Knoblauchzehen schälen und fein hacken. Die Chilischote ebenfalls fein hacken. Beides in einer Schüssel mit dem Zitronensaft, dem Olivenöl und der Sojasauce verrühren. Diese Marinade über das Fleisch geben. Die Schüssel für mindestens 1 Stunde in den Kühlschrank stellen.

2. Den Grill auf eine Temperatur von 220 °C vorheizen. Für die Erdnuss-sauce die Chilischoten und die Cashewkerne fein hacken und in einen Topf geben. Die Kokosmilch, die Erdnussbutter, den Limettensaft, den Palmzucker und die Sojasauce zugeben und alles unter Rühren langsam zum Kochen bringen. Die Erdnusssauce bei geringer Temperatur sämig einkochen, dann mit Salz und frisch gemahlenem Pfeffer abschmecken.

3. Die Krokodil- und Rindfleischwürfel aus der Marinade nehmen, abtropfen lassen und abwechselnd auf Spieße stecken. Die Marinade aufbewahren. Die Fleischspieße rundherum 8–12 Minuten bis zum gewünschten Garpunkt grillen. Dabei nochmals mit der Marinade bestreichen. Die Krokodil-Spieße mit der würzigen Erdnusssauce servieren.

LAMMKEULE
MIT ANCHOVIS UND GRANATAPFEL

FÜR 6 PERSONEN ALS HAUPTSPEISE
ZUBEREITUNG: 3 STUNDEN
SCHWIERIGKEIT: ✪ ✪ ✪

1,8 kg Lammkeule (am Stück,
    mit Knochen)
1 Granatapfel
3 Knoblauchzehen
6 in Öl eingelegte Anchovisfilets
2 Zweige Rosmarin
1 EL grüne Pfefferkörner
Salz

1. Den Grill auf eine Temperatur von 160 °C vorheizen. Den Granatapfel quer halbieren und die Kerne herauslösen. (Dabei am besten Einmalhandschuhe tragen.) Den Knoblauch schälen und in Scheiben schneiden. Die Anchovisfilets in Stücke schneiden. Die Rosmarinnadeln von den Zweigen streifen.

2. Mit einem spitzen Messer einige tiefe, schmale Taschen in das Lammfleisch schneiden. Diese Taschen mit Knoblauch, Anchovis, Rosmarinnadeln, Granatapfelkernen und Pfefferkörnern füllen. Die Lammkeule rundherum leicht salzen und auf den Grillspieß ziehen. Die Lammkeule mit Alufolie umwickeln. Das Lammfleisch 30 Minuten auf dem Drehspieß grillen. Danach die Alufolie entfernen und die Lammkeule nochmals 30–40 Minuten auf dem Drehspieß grillen.

3. Das Fleisch kurz vor dem Servieren in dünne Scheiben schneiden. Mit gebackenen Süßkartoffeln servieren.

GUAVEN-KUCHEN MIT GERÖSTETER ANANAS

FÜR 6 PERSONEN ALS NACHSPEISE
ZUBEREITUNG: 2 STUNDEN 15 MINUTEN
SCHWIERIGKEIT: ✪✪✪

1 reife Ananas
275 g Weizenmehl Type 405
2 TL Backpulver
1 TL Salz
1 TL gemahlener Zimt
90 g brauner Zucker
1 Vanilleschote
65 g Butter
120 g Zucker
2 Eier
125 g frische Guave,
  geschält und entkernt
weiche Butter für die Form
1 Avocado, mit etwas Zitronensaft
  püriert

1. Den Grill auf eine Temperatur von 150 °C vorheizen. Die Ananas sorgfältig schälen und auf den Grill legen. Die Ananas 50–60 Minuten goldbraun rösten, dabei alle 10 Minuten wenden.

2. In der Zwischenzeit das Mehl mit dem Backpulver, dem Salz, dem Zimt und dem braunen Zucker in eine Schüssel geben und locker vermengen. Die Vanilleschote der Länge nach aufschlitzen, das Vanillemark herauskratzen und unter das Mehlgemisch rühren. Die Butter behutsam in einer kleinen Pfanne schmelzen. Den Zucker und die Eier mit dem Handrührgerät (Rührbesen) in einer Rührschüssel schaumig schlagen. Die geschmolzene Butter zugeben und rühren, bis eine luftige Creme entstanden ist. Die Guave in kleine Stücke schneiden und anschließend fein hacken. Die Guavenstücke unter die Ei-Zucker-Creme heben. Dann die Mehlmischung unterheben und alles zu einem gebundenen Teig verrühren. Den Teig in eine gefettete runde Springform (24 cm Durchmesser) oder eine Kastenform füllen.

3. Die Temperatur des Grills auf 180 °C erhöhen. Den Kuchen bei indirekter Hitze unter geschlossenem Grilldeckel 30–40 Minuten goldbraun backen. Den fertigen Kuchen abkühlen lassen, aus der Form lösen und in Stücke schneiden. Die gegrillte Ananas in hauchdünne Scheiben schneiden und diese auf den Kuchen geben. Sofort servieren, den Avocadodip dazu reichen.

Falls es mal schnell gehen muss, die Ananas vor dem Grillen in dünne Scheiben schneiden und kurz vor dem Servieren von beiden Seiten kurz und scharf angrillen.

SPRINGBOCK-
STEAKS MIT TROCKEN-FRÜCHTEN

FÜR 4 PERSONEN ALS HAUPTSPEISE
ZUBEREITUNG: 1,5–2 STUNDEN
SCHWIERIGKEIT: ❷❷❷

FÜR DAS FLEISCH UND DIE MARINADE

1 Handvoll frische Thymianzweige
5 Wacholderbeeren
frisch gemahlener Pfeffer
Salz
3–4 EL Olivenöl
4 Springbocksteaks (à 150–180 g)

FÜR DIE TROCKENFRÜCHTE-SAUCE

4 Schalotten
2 Knoblauchzehen
1 EL Olivenöl
100 ml roter Portwein
200 g gemischte Trockenfrüchte,
 20 Minuten in heißem Wasser
 eingeweicht
50 g eiskalte Butterwürfel
frisch gemahlener Pfeffer
Salz
250 g frischer Bimi (Broccolini)

1. Für die Kräutermarinade die Thymianblättchen von den Zweigen zupfen und mit den Wacholderbeeren, etwas frisch gemahlenem Pfeffer und Salz in einem Mörser zerreiben. Dann das Olivenöl zugeben und alles zu einer Paste verrühren. Die Springbocksteaks mit dieser Kräuterpaste bestreichen und 1 Stunde im Kühlschrank durchziehen lassen.

2. Den Grill auf eine Temperatur von 150 °C erhitzen. Die Schalotten und die Knoblauchzehen 30–40 Minuten auf dem Grill gar rösten. Die gegrillten Schalotten schälen und in Stücke schneiden. Die Knoblauchzehen aus der Schale drücken. Das Olivenöl in einer Pfanne erhitzen. Die gerösteten Schalotten und den Knoblauch darin kurz anbraten, dann mit dem roten Portwein ablöschen. 1 Schuss Einweichwasser von den Trockenfrüchten zugeben. Alles langsam zu einer Sauce einkochen. Die eiskalte Butter in Würfeln in die Sauce geben und mit dem Schneebesen glatt rühren, bis die Sauce schön glänzt.

3. Die eingeweichten, abgetropften Trockenfrüchte fein hacken und unter die Sauce rühren. Die Sauce mit frisch gemahlenem Pfeffer und Salz abschmecken. Die Grilltemperatur auf 220 °C erhöhen. Die marinierten Springbock-Steaks 7–10 Minuten grillen, dann bis zum Anrichten unter Alufolie ruhen lassen. Den Bimi 5 Minuten auf dem Grill rösten, anschließend auf einen Teller legen. Die Springbock-Steaks in Scheiben schneiden und auf das gegrillte Gemüse legen. Dann die Trockenfrüchtesauce darüberträufeln und servieren.

BOEREWORS

FÜR 6 PERSONEN ALS HAUPTSPEISE
ZUBEREITUNG: 90 MINUTEN
SCHWIERIGKEIT: ✪✪✪

1,5 kg grobes Rinderhackfleisch
(mit Fett, nicht zu mager!)
1 EL grobes Meersalz
2 TL schwarze Pfefferkörner
2 TL Koriandersamen
2 TL Kreuzkümmelsamen
1 TL gemahlene Muskatnuss
½ TL getrockneter Oregano
1 Prise gemahlener Zimt
1 langer Bratwurstdarm
(beim Metzger vorbestellen)

1. Das Hackfleisch in eine Schüssel geben. Das Meersalz, die Pfefferkörner, die Koriandersamen, die Kreuzkümmelsamen, die gemahlene Muskatnuss, den getrockneten Oregano und den Zimt in einen Mörser geben und zu einem groben Pulver zerreiben. Diese Gewürzmischung über das Rinderhackfleisch streuen und den Fleischteig gut durchkneten.

2. Den Bratwurstdarm 30 Minuten in kaltes Wasser legen, dann gut durchspülen. Den Bratwurstdarm komplett auf das Wurstfüllhorn ziehen und das vordere Ende verknoten. Die Fleischmasse in den Vorsatz der Küchenmaschine füllen. Die Fleischmasse langsam durch das Wurstfüllhorn in den Darm drücken, dabei die Wurst mit der anderen Hand festhalten. Wenn die ganze Fleischmasse durchgedrückt ist, den Darm am hinteren Ende ebenfalls zuknoten. Den gefüllten Bratwurstdarm zu einer Schnecke rollen. (Wer möchte, fertigt eine einzelne große Bratwurstschnecke. Diese dann auf eine große Wurstklemme legen und verschließen.) Bei kleineren Bratwurstschnecken den gefüllten Bratwurstdarm je nach gewünschter Länge abdrehen, durchschneiden und die Enden verknoten. Die kleineren Bratwurstschnecken mit einem langen Holzspieß fixieren, damit sie beim Grillen nicht auseinanderfallen.

3. Den Grill auf eine Temperatur von 150 °C erhitzen. Die Bratwurstschnecke oder -schnecken 30 Minuten auf direkter Hitze grillen, dabei regelmäßig wenden. Falls der Darm aufplatzt oder das spritzende Fett die Glut aufflammen lässt, kann man die Wurst auch indirekt unter geschlossenem Grilldeckel weiter grillen. Die Temperatur des Grills in diesem Fall auf 180 °C erhöhen. Die Bratwurst ist bei einer Kerntemperatur von 72 °C gar. Dazu Brötchen und eine pikante Gewürz-Tomaten-Sauce reichen.

Für dieses Rezept ist ein Wurstfüllhorn erforderlich. Viele moderne Küchenmaschinen haben einen Aufsatz für das Durchdrehen von Fleisch (Fleischwolf) und einen für das Füllen von Wurstdärmen.

ASIEN

Jetzt wird es richtig exotisch: Wohl kaum eine andere Küche hat so viele verführerische Gewürze und eine derartige geschmackliche Vielfalt zu bieten wie die asiatische. Von Edamame-Bohnen über Tintenfischspieße bis hin zum Pad Thai: Hier gibt es viel Neues zu entdecken.

VEGETARISCHE STEAKS

FÜR 4–6 PERSONEN ALS VORSPEISE
ZUBEREITUNG: 30 MINUTEN
SCHWIERIGKEIT: ✪ ✪ ✪

1 Wassermelone
2 EL Agavensirup
1 EL Olivenöl
2 Romanasalatherzen
3 Zweige Minze
150 g Schafskäse (z. B. Pecorino)
50 g Pinienkerne
50 g Pistazienkerne
2 EL alter Aceto balsamico

1. Den Grill auf 220 °C vorheizen und einen gusseisernen Rost darauflegen. Die Wassermelone in 3 cm dicke Scheiben schneiden. Die Wassermelonenscheiben schälen und die Ränder glatt zuschneiden. Den Agavensirup mit dem Olivenöl verrühren. Die Melonenscheiben auf beiden Seiten damit bestreichen.

2. Die Salatherzen in grobe Stücke schneiden. Die Minzeblätter von den Zweigen zupfen und grob schneiden. Den Pecorino fein hobeln und die Stücke zerkrümeln. Die Pinienkerne und die Pistazienkerne kurz in einer trockenen Pfanne (ohne Fettzugabe) rösten.

3. Die Wassermelone auf dem sehr heißen Rost auf beiden Seiten jeweils 4 Minuten grillen. Diese »Steaks« auf einen Teller legen. Den Salat, die Minze, den Pecorino, die Pinien- und Pistazienkerne darauf verteilen. Abschließend etwas Balsamico darüberträufeln.

GERÖSTETES SÜSS-KARTOFFELPÜREE MIT GARAM MASALA

FÜR 4–6 PERSONEN ALS BEILAGE
ZUBEREITUNG: 1,5 –2 STUNDEN
SCHWIERIGKEIT: ✪ ✫ ✫

4 mittelgroße Süßkartoffeln
2 EL Garam Masala
   (indische Gewürzmischung)
3 EL Sonnenblumenöl
150 ml Kokosmilch
Salz
frisch gemahlener Pfeffer

1. Den Grill auf 200 °C erhitzen. Die ungeschälten Süßkartoffeln auf die indirekte Zone des Grills legen und den Deckel schließen. Der Warmhalterost eines Gasgrills ist für diesen Zweck perfekt geeignet. Die Süßkartoffeln etwa 90 Minuten garen, nach der Hälfte der Zeit wenden. Sobald die Süßkartoffeln weich sind, vom Grill nehmen und mittig die Schale aufschneiden. Das heiße Fruchtfleisch mit einem Löffel aus den Schalen lösen und in einen Mixer geben.

2. Das Garam Masala, das Sonnenblumenöl und die Kokosmilch zugeben und alles zu einem sämigen Püree mixen. Das Süßkartoffelpüree mit Salz und frisch gemahlenem Pfeffer würzen. Die übrigen Zutaten hinzufügen und zu einem sämigen Püree mixen. Dazu passt sehr gut gemischtes Grillgemüse und gegrilltes Hähnchen (Tandoori Chicken).

GEFÜLLTE SÜSS-KARTOFFELN

FÜR 4 PERSONEN ALS HAUPTSPEISE
ZUBEREITUNG: 75 MINUTEN
SCHWIERIGKEIT: ✪✩✩

4 große Süßkartoffeln
1 rote Paprikaschote
2 Stangen Staudensellerie
3 Zweige glatte Petersilie
4 EL Cashewkerne
150 g halbfester Ziegenkäse

1. Den Grill auf eine Temperatur von 200 °C vorheizen. Die ungeschälten Süßkartoffeln direkt auf dem Grill etwa 45–60 Minuten (je nach Größe) rösten. Dabei gelegentlich wenden.

2. In der Zwischenzeit die Füllung zubereiten: Den Stiel der Paprikaschote entfernen. Die Schote halbieren und die Kerne herausschneiden. Die Paprikahälften in feine Würfel schneiden. Die Selleriestangen putzen und in dünne Streifen schneiden. Die Paprikawürfel und Selleriestreifen in eine Schüssel geben und vermischen. Die Petersilie fein hacken, mit den Cashewkernen und dem zerbröckeltem Ziegenkäse zu dem Gemüse geben und vermengen.

3. Die garen Süßkartoffeln vom Grill nehmen und vorsichtig der Länge nach aufschneiden, aber nicht komplett halbieren. Dann mit den Fingern leicht aufdrücken. Die Füllung großzügig in die offenen Süßkartoffeln geben. Die gefüllten Süßkartoffeln weitere 15 Minuten grillen.

SATÉ KAMBING

(INDONESISCHE FLEISCHSPIESSE)

FÜR 4 PERSONEN ALS HAUPTSPEISE
ZUBEREITUNG: 45 MINUTEN
MARINIEREN: 2–3 STUNDEN
SCHWIERIGKEIT: ✪ ✪ ✪

500 g Ziegenfleisch (am besten aus
Keule/Hinterlauf eines Zickleins)
50 g feste Kokosnusscreme
(aus dem Vakuumbeutel)
1 EL Djahe (indonesisches Ingwerpulver, alternativ frisch geriebener
Ingwer)
1 EL Gula Djawa (javanesischer
Palmzucker)
1 EL Ketjap Manis (süße indonesische
Sojasauce)
½ TL gemahlener Kreuzkümmel
2 EL Limettensaft
2 Knoblauchzehen
3 EL fein gehackte Zwiebel

1. Das Ziegenfleisch in Würfel von 1,5 cm Kantenlänge schneiden und in
eine Schüssel geben. Die Kokosnusscreme im Beutel nach Gebrauchsan-
weisung auf der Packung in heißes Wasser legen und ziehen lassen, bis
sie weich und geschmeidig wird. Die Kokosnusscreme aus dem Beutel
nehmen und in eine Schüssel geben. Den Ingwer, den Palmzucker, das
Ketjap Manis, den Kreuzkümmel und den Limettensaft zu der Kokosnusscreme geben und alles verrühren. Die Knoblauchzehe schälen,
durch die Presse drücken und mit der fein gehackten Zwiebel unter die
Kokoscreme rühren. Die Kokosmarinade über das Ziegenfleisch geben
und alles gut vermengen. Die Schüssel bedecken und für 2–3 Stunden
in den Kühlschrank stellen.

2. Einen Grill auf 230–250 °C vorheizen. Die marinierten Fleischwürfel
abtropfen lassen und auf Saté-Spieße stecken. Die Fleischspieße auf
dem vorgeheizten Grill rundherum ca. 5–8 Minuten scharf grillen. Die
gegrillten Spieße 5 Minuten ruhen lassen, dann servieren. Dazu Ketjap
Manis reichen.

GEGRILLTE GARNELEN MIT ROTEM CURRY

FÜR 3 PERSONEN ALS HAUPTSPEISE
ZUBEREITUNG: 60 MINUTEN
SCHWIERIGKEIT: ✪✪✫

18 rohe große Garnelen, geschält
1 große rote Chilischote
½ Zwiebel
2 Knoblauchzehen
200 ml Kokosmilch
1 EL rote Currypaste
2–3 EL neutrales Pflanzenöl
Salz
¼ Bund Thai-Basilikum
2 EL Kokosraspeln

1. Den Grill auf 200 °C vorheizen. Die Garnelen vom Darm befreien, säubern und trocken tupfen. Auf dem Grillrost die ganze Chilischote, die halbe, ungeschälte Zwiebel und den ungeschälten Knoblauch rösten. Die gegrillte Chilischote von den Samen befreien und grob schneiden. Die Zwiebel schälen und in Spalten schneiden. Die Knoblauchzehen ebenfalls schälen und in Scheiben schneiden.

2. In einem kleinen Topf die Kokosmilch und die Currypaste verrühren. Das gegrillte Gemüse hineingeben, die Flüssigkeit aufkochen und das Gemüse bei milder Hitze ziehen lassen, bis die Zwiebelspalten weich sind. Den Topfinhalt mit einem Stabmixer pürieren und anschließend durch ein Sieb passieren.

3. Die Garnelenschwänze leicht mit Öl bepinseln und salzen, dann 3–5 Minuten grillen. Die Garnelen danach in das warme rote Curry geben. Mit geschnittenem Thai-Basilikum und Kokosraspeln bestreuen und sofort servieren.

PAD THAI

FÜR 2 PERSONEN ALS HAUPTSPEISE
ZUBEREITUNG: 30 MINUTEN
SCHWIERIGKEIT: ✪ ✪ ✪

250 g Hähnchenbrustfilet oder
   ausgelöstes Hähnchenkeulenfleisch
3 Knoblauchzehen
2 EL neutrales Pflanzenöl
2 Eier
50 g frische Zuckerschoten
50 g frische Mungobohnensprossen
150 g vorgegarte Reisbandnudeln
2 EL thailändische Fischsauce
1 EL geriebener Palmzucker
2 Frühlingszwiebeln, geputzt
   und in feine Ringe geschnitten
2 EL geröstete Erdnusskerne
1 Limette

1. Den Grill auf eine Temperatur von 250 °C heizen. Darauf eine (gusseiserne) Wok-Pfanne stellen oder den Seitenbrenner verwenden. Das Hähnchenfleisch in Würfel von 1,5 cm Kantenlänge schneiden. Die Knoblauchzehen schälen und fein würfeln. Das Pflanzenöl in der heißen Pfanne erhitzen. Den Knoblauch darin unter Rühren 1 Minute braten. Das Hähnchenfleisch zugeben und mitbraten.

2. Sobald das Hähnchenfleisch fast gar ist, die Eier in den Wok schlagen sowie die Zuckerschoten und die Mungobohnensprossen hinzugeben. Alles gut verrühren. Nach 1 Minute auch die vorgegarten Reisbandnudeln, 1 Tasse Wasser, die Fischsauce und den Palmzucker zugeben. Nochmals gut durchrühren. Prüfen, ob das Hähnchenfleisch komplett durchgegart ist. Erst dann den Wok vom Grill nehmen. Die fein geschnittene Frühlingszwiebel und die Erdnusskerne über das Pad Thai streuen. Zur Abrundung das Pad Thai mit dem Saft 1 Limette beträufeln und sofort servieren.

SALAT VON GEGRILLTEM ENTRECÔTE

FÜR 2 PERSONEN ALS HAUPTSPEISE
ZUBEREITUNG: 30 MINUTEN
SCHWIERIGKEIT: ✪✪✪

400 g Entrecôte vom Rind, in 1,5 cm
    dicke Scheiben geschnitten
1 kleine Papaya
1 Mango
½ Ananas
½ Salatgurke
2 Tomaten
1 Stängel frisches Zitronengras
½ Bund frischer Koriander
2 unbehandelte Limetten
Sojasauce
Ingwersirup
Salz
frisch gemahlener Pfeffer

1. Den Grill auf eine Temperatur von 220 °C heizen. Die Papaya, die Mango, die Ananas und die Salatgurke schälen. Die Mango und die Papaya entkernen. Alle Früchte in Würfel von 1 cm Kantenlänge schneiden. Die Tomaten halbieren und den Stielansatz herausschneiden. Die Tomatenhälften entkernen und in kleine Würfel schneiden. Die Frucht- und Tomatenwürfel in eine große Schüssel geben.

2. Das Zitronengras putzen und in hauchdünne Ringe schneiden. Den Koriander fein hacken. Beides in die Schüssel geben und vermengen. Den Salat mit frisch geriebener Limettenschale, frisch gepresstem Limettensaft, etwas Sojasauce und etwas Ingwersirup abschmecken.

3. Die Rinder-Entrecôte-Scheiben auf beiden Seiten insgesamt 6–12 Minuten zum gewünschten Garpunkt grillen. Das Fleisch anschließend mit Salz und Pfeffer würzen und quer in dünne Streifen schneiden. Die gegrillten Entrecôte-Streifen auf dem Salat anrichten und servieren.

TINTENFISCH-
SPIESSE

FÜR 4 PERSONEN ALS HAUPTSPEISE
ZUBEREITUNG: 30 MINUTEN
SCHWIERIGKEIT: ✪ ✪ ✪

FÜR DAS DRESSING
UND DIE SPIESSE

1 Knoblauchzehe, geschält
½ rote Chilischote, von den Samen
   befreit
1 TL neutrales Pflanzenöl zum Braten
2 EL Reiswein
3 EL dunkle Sojasauce
1 TL Zucker
1 TL Sesamöl
12 frische Tintenfische (Kalmare),
   küchenfertig gesäubert

ZUM SERVIEREN

3 Zweige frischer Koriander,
   fein gehackt
3 Frühlingszwiebeln, in feine Ringe
   geschnitten

1. Für das Dressing die Knoblauchzehe und die Chilischote sehr fein hacken. Den Knoblauch in dem Pflanzenöl farblos anbraten, dann mit dem Reiswein ablöschen. Anschließend die Sojasauce, den Zucker, die gehackte Chilischote und das Sesamöl hinzufügen. Die Flüssigkeit einmal aufkochen, dann den Topf vom Herd nehmen.

2. Den Grill auf 240 °C erhitzen. Den Tintenfisch unter fließendem kalten Wasser säubern und gut abtrocknen. Anschließend je 3 Tintenfischtuben auf 4 Metallspieße stecken. Den Tintenfisch kurz und scharf grillen – er ist innerhalb von 1–2 Minuten fertig. Die Spieße vom Grill nehmen und sofort mit dem Dressing beträufeln. Den Koriander und die Frühlingszwiebeln darüberstreuen und die Spieße sofort servieren.

LAMMSPIESSE

NACH ART DER REGION XINJIANG

FÜR 3 PERSONEN ALS HAUPTSPEISE
ZUBEREITUNG: 30 MINUTEN
MARINIEREN: 3 STUNDEN
SCHWIERIGKEIT: ✪✩✩

FÜR DIE SPIESSE
500 g Lammkeule (mit Fettschicht)
30 ml Erdnuss- oder Sonnenblumenöl
30 ml Sojasauce
1 EL Maisstärke
1 EL gemahlener Kreuzkümmel
1 TL Chilipulver
1 TL Salz
1 Zwiebel

ZUM BESTREUEN
gemahlener Kreuzkümmel
Chilipulver nach Geschmack

1. Das Fett vom Fleisch abtrennen, das Fleisch in etwa 2 x 2 cm große Würfel schneiden, das Fett in ganz kleine Würfel schneiden. Das Öl, die Sojasauce, die Maisstärke, den Kreuzkümmel, das Chilipulver und das Salz in eine Schüssel geben und zu einer glatten Marinade verrühren. Die Zwiebel schälen, in Ringe schneiden und zu der Marinade geben. Die Fleisch- und die Fettwürfel in die Marinade legen, alles gut vermischen und 3 Stunden ziehen lassen. Anschließend die Fleisch- und Fettwürfel immer abwechselnd auf Holzspieße ziehen.

2. Den Grill auf zwei unterschiedliche Temperaturen vorheizen, dabei sollte die eine Seite 220 °C–250 °C und die andere Seite 150 °C erreichen. Auf der heißen Seite die Spieße in 4 Minuten rundum braun grillen, dabei minütlich wenden. Das Fett muss schön ausgebraten und knusprig sein. Die Spieße anschließend auf die 150 °C heiße Grillseite legen und weitere 4 Minuten garen. Die gegrillten Spieße mit gemahlenem Kreuzkümmelpulver bestreuen. Wer es scharf mag, kann nach Geschmack zusätzlich Chilipulver darüberstreuen.

PEKINGENTE

FÜR 6 PERSONEN ALS HAUPTSPEISE
ZUBEREITUNG: 2,5 STUNDEN
MARINIEREN/TROCKNEN: BIS ZU 12 STUNDEN
SCHWIERIGKEIT: ✪✪✪

FÜR DAS FLEISCH
1 küchenfertige Ente (1,8–2 kg)

FÜR DIE MARINADE
400 ml Wasser
4 EL flüssiger Honig
2 TL dunkle Sojasauce

FÜR DIE SAUCE
2 EL Sesamöl
4 EL Hoisin-Sauce
125 g Zucker
100 ml Wasser

ZUM SERVIEREN
chinesische Pfannkuchen (Mandarin-
    Pfannkuchen, aus dem Asialaden)
1 Salatgurke
3 Frühlingszwiebeln

1. 2 l Wasser zum Kochen bringen. Die Ente auf einen Grillrost legen und eine ausreichend große Schüssel darunter stellen. Das kochende Wasser über die Ente gießen. Die überbrühte Ente abtupfen und 1 Stunde gut trocknen lassen. Die Zutaten für die Marinade vermischen und die Ente damit sowohl von innen als auch von außen bestreichen. Die Flüssigkeit trocknen lassen und den Vorgang so oft wiederholen, bis die Marinade aufgebraucht ist.

2. Den Grill auf eine Temperatur von 180 °C vorheizen. Die Ente 30 Minuten lang bei indirekter Hitze unter geschlossenem Deckel grillen, dann wenden und weitere 20 Minuten grillen. Die Ente dann nochmals wenden und weitere 20–30 Minuten direkt über dem Feuer grillen.

3. Zwischenzeitlich alle Zutaten für die Sauce zu einem dickflüssigen Sirup einkochen. Die gar gegrillte Ente tranchieren und das Fleisch in dünne Scheiben schneiden. Jede Portion mit einem gedämpften chinesischen Pfannkuchen, julienneförmig aufgeschnittenen Gurken, fein geschnittenen Frühlingszwiebeln und der Sauce servieren.

GEGRILLTER SCHWEINE-BAUCH MIT HOISIN-SAUCE

FÜR 4 PERSONEN ALS HAUPTSPEISE
ZUBEREITUNG: 2 STUNDEN 15 MINUTEN
SCHWIERIGKEIT: ✪ ✪ ✪

1 kg Schweinebauch ohne Schwarte
2 EL Knoblauchpaste
1 EL grobes Meersalz
4 EL Fünf-Gewürze-Pulver
2 EL Sojasauce
4 EL Hoisin-Sauce

1. Den Schweinebauch auf der weißen Fettseite kreuzweise einschneiden. Beide Seiten des Fleischs mit der Knoblauchpaste, dem Salz, dem Fünf-Gewürze-Pulver und der Sojasauce einreiben.

2. Den Grill auf 150 °C erhitzen. Den Schweinebauch bei indirekter Hitze unter geschlossenem Deckel 75 Minuten grillen. Die Temperatur des Grills auf 190 °C erhöhen und den Schweinebauch weitere 30 Minuten grillen. Das Fleisch anschließend großzügig mit der Hoisin-Sauce bestreichen und weitere 5–10 Minuten grillen. Den glasierten Schweinebauch leicht abkühlen lassen, dann in dünne Tranchen schneiden und servieren.

FÜR 2 PERSONEN ALS VORSPEISE ODER BEILAGE
ZUBEREITUNG: 20 MINUTEN
SCHWIERIGKEIT: ✪✪✪

EDAMAME

400 g frische Edamame
   (grüne Sojabohnenschoten)
1 Stück frischer Ingwer (1 cm)
1 EL salzige Sojasauce
1 EL Mirin (Reiswein)
1 TL brauner Zucker
½ TL Sesamöl
2 TL Sesamsamen

1. Den Grill auf eine Temperatur von 160 °C vorheizen. Die ungeschälten Edamame auf den Rost legen und 8–12 Minuten rundherum grillen.

2. Den Ingwer schälen und ganz fein würfeln. Die Sojasauce, den Reiswein und den Zucker gut verrühren. Das Sesamöl zugeben und alles zu einem Dressing verrühren. Den Ingwer und die Sesamsamen unterrühren. Die Edamame vom Grill nehmen und mit dem Dressing beträufeln. Die Bohnenkerne mit den Zähnen aus den Hülsen saugen.

FÜR 2 PERSONEN ALS HAUPTSPEISE
ZUBEREITUNG: 30 MINUTEN
SCHWIERIGKEIT: ✪✪✪

ONGLET MIT PONZU UND MISO

400 g Onglet vom Rind
   (Nierenzapfen)
1 Knoblauchzehe
1 Scheibe frischer Ingwer (½ cm)
3 EL Ponzu-Sauce (japanische
   Zitrusfrucht-Würz-Sauce)
2 EL Miso-Paste (japanische
   fermentierte Sojabohnen-Paste)
1 TL Sesamöl

1. Den Grill auf 200 °C erhitzen. Das Onglet aus dem Kühlschrank nehmen und beiseitestellen. Die Knoblauchzehe und den Ingwer schälen und sehr fein hacken. Die Ponzu-Sauce, die Miso-Paste und das Sesamöl zu einer Marinade verrühren. Den Knoblauch und den Ingwer unterrühren. Das Fleisch rundherum mit der Marinade bepinseln.

2. Das Onglet 8–12 Minuten lang grillen, dabei alle 3 Minuten mit der Marinade bestreichen. Das Fleisch dabei nicht durchbraten. Das gegrillte Fleisch 5 Minuten ruhen lassen und anschließend in dünne Scheiben schneiden. Dazu passen sehr gut gegrillte Edamame.

THUNFISCH
MIT WASABI

FÜR 2 PERSONEN ALS HAUPTSPEISE
ZUBEREITUNG: 30 MINUTEN
SCHWIERIGKEIT: ✪ ✪ ✪

400 g frischer Thunfisch
  (aus dem Rücken)
neutrales Pflanzenöl
100 g frische Zuckererbsenschoten
200 ml salzige Sojasauce
6 EL Wasabi Furikake
  (japanische getrocknete Wasabi-
  Gewürzzubereitung)
15 g Shiso Kombu
  (japanische getrocknete
  Algen-Gewürzzubereitung)

1. Den Grill auf 250 °C erhitzen. Den Thunfisch in Balken mit einer Kantenlänge von 3 cm schneiden. Diese rundherum mit etwas Öl bestreichen. Die Zuckererbsenschoten in lange, dünne Streifen schneiden und beiseitestellen.

2. Den Thunfisch auf jeder Seite 30 Sekunden schnell und sehr scharf angrillen. (Der Thunfisch bleibt innen roh.) Die Thunfischbalken vom Grill nehmen und in der Sojasauce wenden. Anschließend durch die Wasabi-Gewürzzubereitung rollen. Die Thunfischbalken in Scheiben schneiden.

3. Die Zuckererbsenschotenstreifen 1 Minute in sprudelnd kochendem Wasser bissfest blanchieren. Dann abgießen und kurz abtropfen lassen. Das Shiso Kombu mit den blanchierten Zuckererbsenschoten vermengen und auf einem Servierteller verteilen. Darauf die Thunfischscheiben verteilen und nach Geschmack mit etwas Sojasauce servieren.

YAKITORI
(JAPANISCHE HÄHNCHENSPIESSE)

FÜR 2 PERSONEN ALS HAUPTSPEISE
ZUBEREITUNG: 45 MINUTEN
SCHWIERIGKEIT: ✪✪✪

FÜR DIE SAUCE

1 Stück frischer Ingwer (3 cm)
4 Knoblauchzehen
200 ml Geflügelbrühe
150 ml salzige Sojasauce
4 EL flüssiger Honig
2 EL brauner Zucker
1 TL Zitronensaft
1 TL heller Reisessig
1 TL Sesamöl
1 EL Maisstärke

FÜR DAS FLEISCH

500 g Hähnchenkeulenfleisch
    (mit Haut, ohne Knochen)
4 Frühlingszwiebeln
2 EL weiße Sesamsaat

1. Für die Sauce die Knoblauchzehen und den Ingwer schälen und fein würfeln. Den Knoblauch, den Ingwer, die Geflügelbrühe, die Sojasauce, den Honig, den braunen Zucker, den Zitronensaft, den Reisessig und das Sesamöl in einen Topf geben und aufkochen. Die Temperatur reduzieren und die Sauce 15 Minuten sanft ziehen lassen. Die Sauce anschließend durch ein feines Sieb gießen und nochmals aufkochen. Die Sauce mit in kaltem Wasser angerührter Maisstärke binden und 1 Minute köcheln lassen. Den Topf vom Herd nehmen und beiseitestellen.

2. Den Grill rechtzeitig auf eine Temperatur von 220 °C vorheizen. Das ungehäutete Hähnchenkeulenfleisch in Würfel von 1,5–2 cm Kantenlänge schneiden. Die Fleischwürfel auf Spieße stecken. Die Hähnchenspieße 8–10 Minuten von allen Seiten grillen, bis das Fleisch komplett durchgegart ist, dabei alle 2 Minuten mit der Sauce bestreichen. Das Fleisch vor dem Anrichten nochmals großzügig mit Sauce bestreichen, danach mit fein geschnittenen Frühlingszwiebeln und Sesamsamen bestreuen.

BULGOGI
(KOREANISCHES FEUERFLEISCH)

FÜR 3 PERSONEN ALS HAUPTSPEISE
ZUBEREITUNG: 30 MINUTEN
MARINIEREN: 30 MINUTEN BIS ZU 12 STUNDEN
SCHWIERIGKEIT: ✪ ✪ ✪

FÜR DAS FLEISCH

500 g schön marmorierte Rinderlende
150 g frische Nashi-Birne, geschält
1 Karotte
1 Kopfsalat

FÜR DIE MARINADE

1 Zwiebel
3 Knoblauchzehen
1 Stück frischer Ingwer (2 cm)
1 grüne Paprikaschote
2 EL Sojasauce
2 EL brauner Zucker
1 EL geröstetes Sesamöl

1. Die Rinderlende gegen die Faser in 0,5 cm breite Scheiben schneiden. Diese in eine Schüssel geben. Die Nashi-Birne in streichholzdünne Streifen schneiden und zu den Fleischscheiben geben. Die Karotte schälen, dann mit einem Sparschäler längs in hauchdünne Streifen schneiden. Diese ebenfalls zu dem Fleisch geben.

2. Für die Marinade die Zwiebel, die Knoblauchzehe und den Ingwer schälen und würfeln. Die Paprikaschote halbieren, den Stiel abschneiden, die Kerne entfernen und die Paprikahälften in grobe Stücke schneiden. Alles in den Mixer geben. Die Sojasauce, den braunen Zucker und das geröstete Sesamöl dazugeben und alles zu einer gebundenen Marinade mixen. Die Marinade über das Fleisch geben und gut vermengen. Das Fleisch mindestens 30 Minuten marinieren, am besten sogar über Nacht.

3. Den Grill auf eine Temperatur von 220 °C vorheizen. Am besten einen runden koreanischen BBQ-Grilleinsatz aus Gusseisen verwenden, dann tropft beim Grillen keine Marinade in die offene Flamme.

4. Die Blätter vom Salatkopf lösen, waschen und gut trocken tupfen. Das Fleisch mit der Marinade auf den Grilleinsatz legen und 4–6 Minuten grillen. Jedes Salatblatt mit Fleisch belegen. Die Salatblätter aufrollen und sofort servieren.

AUSTRA-
LIEN UND
NEUSEE-
LAND

Wenn Australier zu einer Party zusammenkommen, dann ist in den meisten Fällen »Barbie« angesagt. Nein, es geht nicht darum, mit Puppen zu spielen. Barbie ist die liebevolle Bezeichnung der Australier für das Barbecue. Auf den Grill kommt viel Meeresgetier, aber auch Fleisch steht auf dem Grillplan. Neben den australischen Schafen sind es Rinder, Enten, Emus, Krokodile oder auch Känguru.

BARRAMUNDI
MIT FENCHEL UND BLUMENKOHL

FÜR 4 PERSONEN ALS HAUPTSPEISE
ZUBEREITUNG: 45 MINUTEN
SCHWIERIGKEIT: ✪✪✪

1 Kopf Blumenkohl
2 Knollen Fenchel
etwas Olivenöl
2 Knoblauchzehen
½ rote Peperoni
150 g Cherry-Tomaten
¼ Bund Basilikum
1 unbehandelte Zitrone
Salz
600 g Barramundi-Filets (ohne Haut)

1. Den Grill auf 180 °C vorheizen. Den Blumenkohl und die Fenchelknollen putzen und in etwa 1 cm dicke Scheiben schneiden. Das Gemüse leicht mit Olivenöl bestreichen, auf den Grillrost legen und etwa 10 Minuten garen, bis es leicht Farbe annimmt. Die Cherry-Tomaten waschen und 5–8 Minuten auf dem Grill mitrösten. Die gegrillten Gemüsescheiben in kleine Stücke schneiden. Die Tomaten halbieren. Die Knoblauchzehen schälen und sehr fein hacken. Die Peperoni von Stielansatz und Samen befreien und ebenfalls sehr fein hacken. Die Basilikumblätter in feine Streifen schneiden. Alles zu dem vorbereiteten Gemüse geben und vermengen. Je nach Geschmack mit frisch geriebener Zitronenschale, frisch gepresstem Zitronensaft und Salz abschmecken.

2. Die Grilltemperatur auf 220 °C erhöhen. Die Barramundi-Filets mit Olivenöl bestreichen und diese auf einen Fischrost legen. Den Fisch auf hoher Flamme etwa 3 Minuten pro Seite braun rösten.

3. Den Gemüsesalat auf einem Teller anrichten, den gegrillten Fisch darauflegen und mit etwas Salz bestreuen. Zum Schluss etwas Olivenöl darüberträufeln und sofort servieren.

Der Barramundi ist ein australischer Riesenbarsch mit festem, saftigem Fleisch. Statt Barramundi können Sie auch Zander oder Kabeljau verwenden.

KÄNGURU
MIT GERÖSTETEN ORANGEN UND SÜSSKARTOFFELN

FÜR 4 PERSONEN ALS HAUPTSPEISE
ZUBEREITUNG: 90 MINUTEN
SCHWIERIGKEIT: ✪✪✪

6 Orangen
12 Gewürznelken
4 Pfirsiche
4 Süßkartoffeln
4 EL flüssiger Honig
2 EL Ketjap Manis (süße Sojasauce, erhältlich im Asia-Laden)
1 Stück frischer Ingwer (etwa 1 cm breit), geschält und in Scheiben geschnitten
½ rote Peperoni, von den Samen befreit
600 g küchenfertiges Kängurufilet
Salz

1. Den Grill auf 160 °C vorheizen. Die Orangen halbieren und in die Schale jeder Hälfte eine Gewürznelke spicken. Die Pfirsiche halbieren und den Kern entfernen. Die Orangen und Pfirsiche 20 Minuten grillen, dabei regelmäßig wenden. Die ungeschälten Süßkartoffeln zeitgleich mit den Orangen und Pfirsichen auf den Grill legen und 45 Minuten bei 160 °C garen, dabei regelmäßig wenden. Die Gewürznelken aus den fertig gegrillten Orangen nehmen und die Früchte auspressen. Die gegrillten Pfirsiche fein hacken. Die Pfirsiche mit dem Orangensaft, dem Honig, der Sojasauce, dem Ingwer und der Peperoni auf kleiner Flamme zu einer sirupartigen Sauce einkochen. Die Ingwerscheiben und die Peperoni herausnehmen und das Pfirsich-Gemisch mit einem Stabmixer zu einem dickflüssigem Sirup pürieren.

2. Das Kängurufilet rechtzeitig aus dem Kühlschrank nehmen. Die Temperatur des Grills auf 220 °C erhöhen. Das Kängurufilet grillen, bis es rundum braun aber nicht durchgegart ist. Anschließend das Fleisch mit dem Orangen-Pfirsich-Sirup bestreichen und bei indirekter Hitze weitere 8 Minuten garen. Das Fleisch erneut mit dem Orangen-Pfirsich-Sirup bestreichen.

3. Die heißen Süßkartoffeln mit einem Löffel aufbrechen und das Fruchtfleisch aus der Schale löffeln. Das Kängurufleisch in Scheiben schneiden und mit den Süßkartoffeln servieren. Nach Belieben salzen.

BURGER
»WITH THE LOT«

FÜR 4 PERSONEN ALS HAUPTSPEISE
ZUBEREITUNG: 60 MINUTEN
SCHWIERIGKEIT: ✪ ✪ ✪

600 g Rinderhackfleisch
1–2 TL edelsüßes Paprikapulver
frisch gemahlener Pfeffer
Salz
50 ml Wasser
50 g Zucker
50 ml Weißweinessig
1 rote Bete
ca. ½ frische, reife Ananas
8 Scheiben Bacon (Frühstücksspeck)
1 Tomate
neutrales Pflanzenöl
1 Zwiebel
1 kleines Romanasalatherz
4 Hamburgerbrötchen
8 Scheiben Cheddar-Käse
50 ml Barbecuesauce

1. Den Grill auf 200 °C erhitzen. Das Rinderhackfleisch mit dem Paprikapulver vermengen und mit frisch gemahlenem Pfeffer und Salz würzen. Aus der Hackfleischmasse 4 flache, runde Hamburger (Patties) formen. Die Patties kalt stellen.

2. Für den Pickle-Sud das Wasser, den Zucker und den Weißweinessig aufkochen. Diesen süßsauren Essigsud beiseitestellen. Die rote Bete schälen, in streichholzdicke Stifte schneiden und in den heißen Pickle-Sud geben. (Beim Verarbeiten der Bete am besten Einmalhandschuhe tragen, sonst färben sich die Finger rot.) Die Rote-Bete-Stifte 30 Minuten ziehen lassen, dann in ein Sieb gießen. Die Ananas in Scheiben schneiden. Die Schale mit allen Augen abschneiden. Je nach Belieben den Strunk mittig ausstechen. Die Ananasscheiben 10 Minuten grillen, bis sie karamellisiert und goldbraun sind. Die Bacon-Scheiben kurz auf dem Grill knusprig braten, dann auf Küchenpapier abtropfen lassen. Die Tomate in Scheiben schneiden, mit etwas Öl bestreichen und kurz auf dem Rost grillen. Die Zwiebel schälen und in Ringe schneiden. Das Romanasalatherz in die einzelnen Blätter zerpflücken.

3. Zuletzt die Hamburger-Patties 6–10 Minuten bis zur gewünschten Garstufe grillen. In der Zwischenzeit die Hamburgerbrötchen aufschneiden und mit den Schnittflächen kurz auf den Grill legen. Die Hamburger vom Grill nehmen und sofort mit je 1 Scheibe Cheddar-Käse belegen, damit der Käse schmilzt.

4. Die 4 unteren Brötchenhälften mit den Salatblättern belegen. Darauf die süßsauren Rote-Bete-Stifte geben. Darauf je 1 Hamburger legen. Darüber die gegrillte Ananasscheibe, den knusprigen Bacon, die Tomatenscheibe und die Zwiebelringe stapeln. Zum Schluss mit etwas Barbecuesauce beträufeln. Die Burger mit den oberen Brötchenhälften bedecken und sofort servieren.

GRÜNSCHAL-MUSCHELN
MIT TOMATEN UND SAFRAN

FÜR 4 PERSONEN ALS HAUPTSPEISE
ZUBEREITUNG: 30–40 MINUTEN
SCHWIERIGKEIT: ✪✪✿

1,5 kg frische Grünschalmuscheln aus Neuseeland (alternativ Miesmuscheln)
6 Tomaten
1 Zwiebel
2 Knoblauchzehen
¼ Bund glatte Petersilie
¼ Bund Basilikum
¼ Bund Thymian
100 ml Sonnenblumenöl
10 Safranfäden
50 ml Weißweinessig

1. Den Grill auf eine Temperatur von 200 °C erhitzen. Die Muscheln unter kaltem, fließendem Wasser abspülen. Geöffnete Exemplare aussortieren. Die Tomaten in Würfel schneiden. Die Zwiebel und den Knoblauch schälen und fein würfeln. Die Blätter von den Kräuterzweigen zupfen und grob hacken. Die Muscheln in einer Schüssel mit den Tomaten, der Zwiebel, dem Knoblauch und den Kräutern vermengen. 1–2 EL Sonnenblumenöl darüberträufeln und alles in einen Grill-Wok geben. Den Grill-Wok mit einem Deckel verschließen, dann auf den Grill setzen und die Muscheln 5–8 Minuten garen.

2. In der Zwischenzeit die Safran-Vinaigrette zubereiten: Das restliche Sonnenblumenöl mit den Safranfäden leicht erwärmen und 5 Minuten ziehen lassen. Das Safranöl vom Feuer nehmen. Dann den Essig und 1 Prise Salz zugeben und gut verrühren.

3. Die garen Muscheln vom Grill nehmen und die Safran-Vinaigrette darüberträufeln. Alles gut vermengen und sofort servieren.

LAMMKARREE MIT KRÄUTERKRUSTE

FÜR 4 PERSONEN ALS HAUPTSPEISE
ZUBEREITUNG: 45 MINUTEN
SCHWIERIGKEIT: ✪✪✪

FÜR DAS FLEISCH

2 Lammkarrees (mit Fettdeckel,
   à 400–500 g)
grobes Meersalz
frisch gemahlener Pfeffer
2 EL scharfer Senf

FÜR DIE KRÄUTERKRUSTE

1 Zweig Rosmarin
3 Zweige Thymian
½ Bund glatte Petersilie
50 g harter Schafskäse, gerieben
80 g frisches Weißbrot, gerieben
etwas Sonnenblumenöl

1. Den Grill auf eine Temperatur von 200 °C vorheizen. Den Fettdeckel der Lammkarrees mit einem scharfen Messer gitterförmig einschneiden. Das Fleisch rundherum mit Salz und frisch gemahlenem Pfeffer einreiben. Das Fleisch mit dem Fettdeckel nach unten 6–8 Minuten auf direktem Feuer grillen. Das Fleisch wenden und mit dem Fettdeckel nach oben etwa 15 Minuten auf indirektem Feuer unter geschlossenem Grilldeckel grillen.

2. In der Zwischenzeit die Kräuterkruste vorbereiten: Die Rosmarinnadeln vom Zweig streifen und fein hacken. Die Blätter von den Thymian- und Petersilienzweigen zupfen. Die Kräuter, die Weißbrotbrösel, den geriebenen Schafskäse und etwas Sonnenblumenöl in einen Mixer geben und alles zu einer grünen Paste mixen.

3. Die Lammkarrees vom Grill nehmen und mit dem Senf bestreichen. Die Kräuterpaste auf dem Fettdeckel der Lammkarrees verteilen und gut festdrücken. Das Fleisch mit der Kräuterpaste nach oben weitere 5 Minuten auf den Grill legen. Die Lammkarrees vom Grill nehmen und 5 Minuten ruhen lassen. Anschließend das Fleisch zwischen den Knochen durchschneiden. Die Lammkoteletts sofort servieren.

REGISTER

ÜBERSICHT DER FLAGGEN

Deutschland		Argentinien	
Niederlande		Brasilien	
Belgien		Kolumbien	
Frankreich		Kuba	
Italien		Jamaica	
Spanien		Ägypten	
Portugal		Namibia	
Griechenland		Südafrika	
Ungarn		Iran	
Türkei		Indien	
Schweden		Philippinen	
Dänemark		Indonesien	
Russland		Thailand	
Ukraine		China	
Armenien		Japan	
USA		Korea	
Kanada		Australien	
Mexiko		Neuseeland	

ÜBER DEN AUTOR

Ralph de Kok hat zwei Leidenschaften: die Musik und das Grillen. Als Musiker tourte er viele Jahre als Gitarrist einer Band durch die Welt. Als Fleischliebhaber und Grillexperte ist er ein wahrer Meister am Grill. Heute ist der Niederländer ein gefragter TV-Koch sowie Grill- und BBQ-Lehrer.

DANK

Ich freue mich jeden Tag darüber, das machen zu können, was ich am liebsten tue: Unter freiem Himmel kochen, grillen, Menschen begeistern und inspirieren. Was für ein Glück also, dass ich dieses Buch schreiben durfte: Nun kann ich meine Freude am Grillen auch noch mit anderen Menschen teilen. Ein großes Dankeschön möchte ich allerdings an all jene richten, die diese »Reise« ermöglicht haben.

Da wäre zunächst das **Team von Napoleon**, das mir sein Equipment und seine prächtige Location zur Verfügung gestellt hat. Hervorzuheben ist vor allem Emile, der die Schlepperei auf sich genommen und die Einkäufe erledigt hat, der auf akrobatische Weise das Fotografieren möglich machte. Und so weiter. Ein Tausendsassa, den ich nicht missen möchte.

Dank auch an **Jenneke Boer**: Ich habe vier Jahre lang mit großer Freude mit dir im Atelier des Restaurants »Librije« in Zwolle gearbeitet. Du bist noch immer eine Inspirationsquelle für mich. Danken möchte ich Dir auch für die vielen Stunden Schreibarbeit, die Du für mich verrichtet hast.

Außerdem sind da **Anke Kolkman** und **Sven ter Heide**, die für die prächtigen Fotos verantwortlich zeichnen, die aber auch die Teller, Holzbretter, Bestecke und alles andere mitgeschleppt haben, was erst die stimmige Atmosphäre für die Fotos geschaffen hat.

Bei **Leonard** und **Bastiaan** bedanke ich mich für die Unterstützung beim Kochen und für die Beseitigung der ganzen Spuren.

Ganz besonderer Dank geht zu guter Letzt an **meine Frau Lianne** – für all Deine Geduld und Unterstützung!

Der Verlag dankt der **WMF Group** (www.wmf-group.com) für die freundliche Unterstützung mit folgenden Requisiten: Geflügelschere (Seite 61); Platte und Messerset Yari (Seite 199); Bambus-Schneidebrett Edge und Fleischmesser Grand Classic (Seite 197).

IMPRESSUM

Produktmanagement: Sonya Mayer
Übersetzung der Rezepte aus dem Niederländischen:
    Alexandra Johnen und Ralf Johnen
Adaption und Redaktion der Rezepte: Irmgard Rumberger
Einleitungstext: Petra Milde
Korrektur: Daniela Hansjakob
Einbandgestaltung: Katharina Franz, kikdesign
Layout und Satz: Silke Schüler
Repro: LUDWIG:media, Zell am See
Herstellung: Barbara Uhlig

Rezepte: Ralph de Kok
Fotografie: siehe Bildnachweis
Foodstyling: siehe Bildnachweis
Alle Flaggen (Illustrationen) stammen von Shutterstock
(www.shutterstock.com)

Printed in Italy by Printer Trento

Unser komplettes Programm finden Sie unter

 www.christian-verlag.de

Die Deutsche Nationalbibliothek verzeichnet diese Publikation
in der Deutschen Nationalbibliografie; detaillierte bibliografische
Daten sind im Internet über http://dnb.d-nb.de abrufbar.

ISBN 978-3-95961-006-3

★★★★★

Sind Sie mit diesem Titel zufrieden? Dann würden wir
uns über Ihre Weiterempfehlung freuen. Erzählen Sie
es im Freundeskreis, berichten Sie Ihrem Buchhändler
oder bewerten Sie bei Onlinekauf. Und wenn Sie
Kritik, Korrekturen, Aktualisierungen haben, freuen wir
uns über Ihre Nachricht an

Christian Verlag
Postfach 40 02 09
D-80702 München
oder per E-Mail an lektorat@verlagshaus.de

Bildnachweis:
Julia Hildebrand & Ingolf Hatz Photography:
7, 9, 12, 16, 20, 26, 29, 30, 33, 37, 51, 57, 61,
67, 68, 73, 74, 77, 79, 80, 84, 87, 90–91, 94, 97,
105, 106, 112, 114, 120, 124–125, 127, 128,
134, 141, 147, 151, 152, 157, 158, 161, 162,
165, 166, 173, 174, 178, 184, 190, 193, 194,
197, 199, 203, 204, 210, 214
Foodstyling für diese Bilder: Sven Katmando Christ

Sven Ter Heide & Anke Kolkman:
38, 40, 45, 46, 49, 52, 58, 62, 65, 71, 83, 93, 99,
101, 102, 111, 117, 119, 133, 137, 138, 142,
148, 169, 170, 183, 187, 188, 200, 209, 213,
217
Foodstyling für diese Bilder: Ralph de Kok